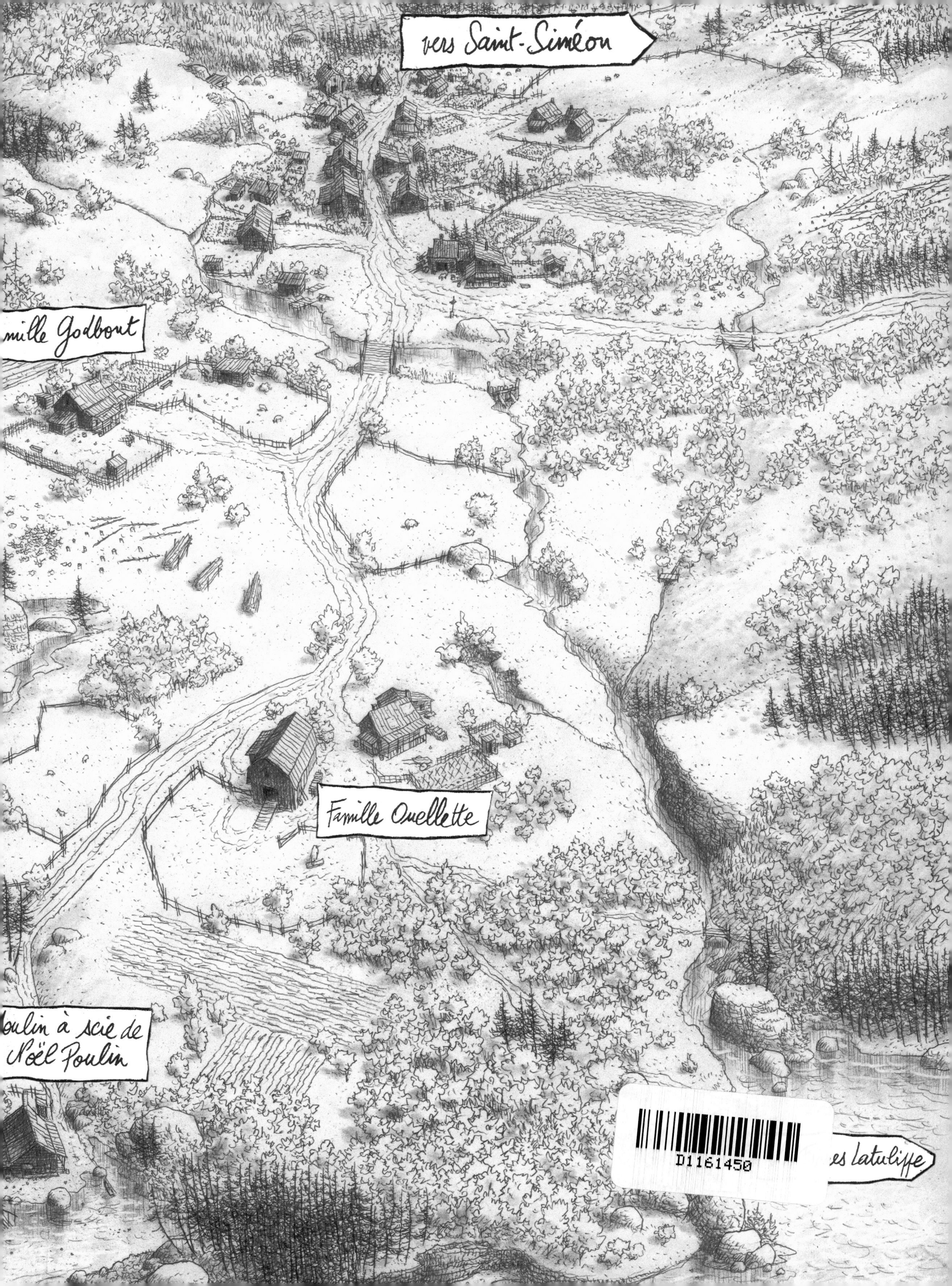
vers Saint-Siméon
mille Godbout
Famille Ouellette
oulin à scie de
Noël Poulin
es Latulippe

MAGASIN GÉNÉRAL

Montréal

LOISEL & TRIPP

MAGASIN GÉNÉRAL

Montréal

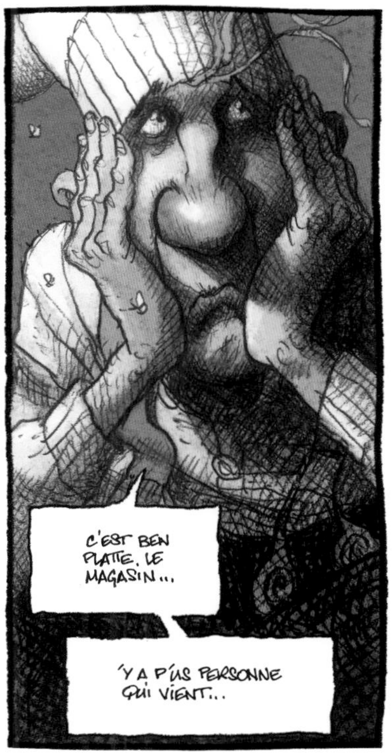
C'EST BEN PLATTE, LE MAGASIN...
'Y A P'US PERSONNE QUI VIENT...

Sur un thème de Régis Loisel

Scénario et dialogues
Régis Loisel & Jean-Louis Tripp

Dessin
Régis Loisel & Jean-Louis Tripp

Adaptation des dialogues en québécois
Jimmy Beaulieu

Couleurs
François Lapierre

casterman

Première étape par Loisel

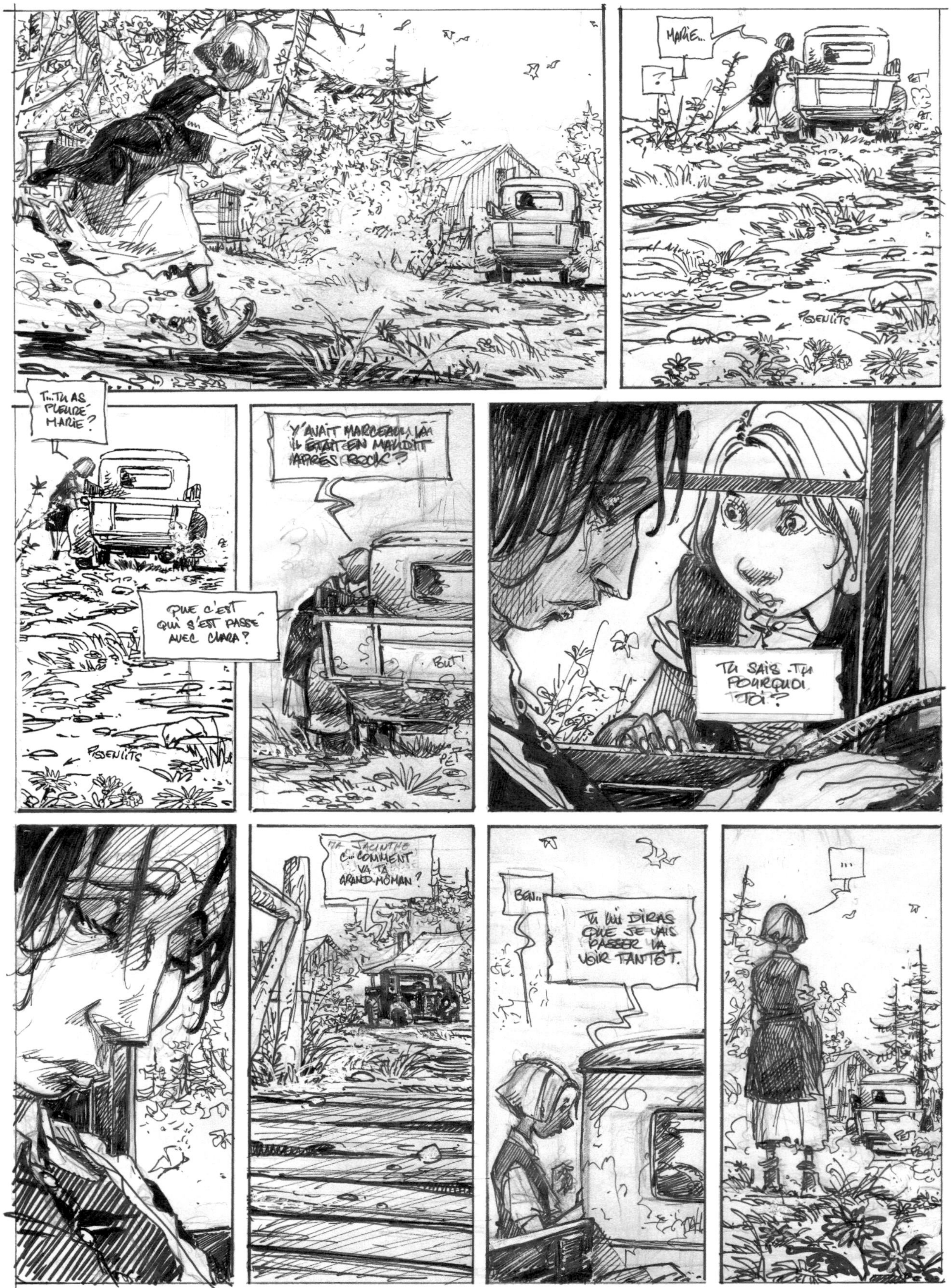
MARIE...
?
PET PET. PET.
PISSENLITS
T...TU AS PLEURÉ MARIE?
Y'AVAIT MARCEAU LÀ IL ÉTAIT EN MAUDIT APRÈS
QUE C'EST QUI S'EST PASSÉ AVEC CLARA?
TU SAIS-TU POURQUOI TOI?
PISSENLITS
C...COMMENT VA TA GRAND-MOMAN?
BEN...
TU LUI DIRAS QUE JE VAIS PASSER LA VOIR TANTÔT.
...

Il est rarissime que deux auteurs accomplis ayant une trentaine d'années de métier se mettent à dessiner ensemble, remisant leur ego pour se fondre dans un style commun fait du meilleur de chacun d'eux. Voici l'histoire : depuis juillet 2003, Jean-Louis Tripp partage l'atelier de Régis Loisel à Montréal. À cette époque, l'un travaille sur le dernier tome de *Peter Pan* (Vents d'Ouest) et l'autre dessine *Paroles d'Anges* (Glénat). C'est ainsi qu'ils vont prendre conscience de leur complémentarité : alors que Régis n'aime rien tant que de mettre en scène une histoire d'un crayon leste et généreux...

Deuxième étape par Tripp

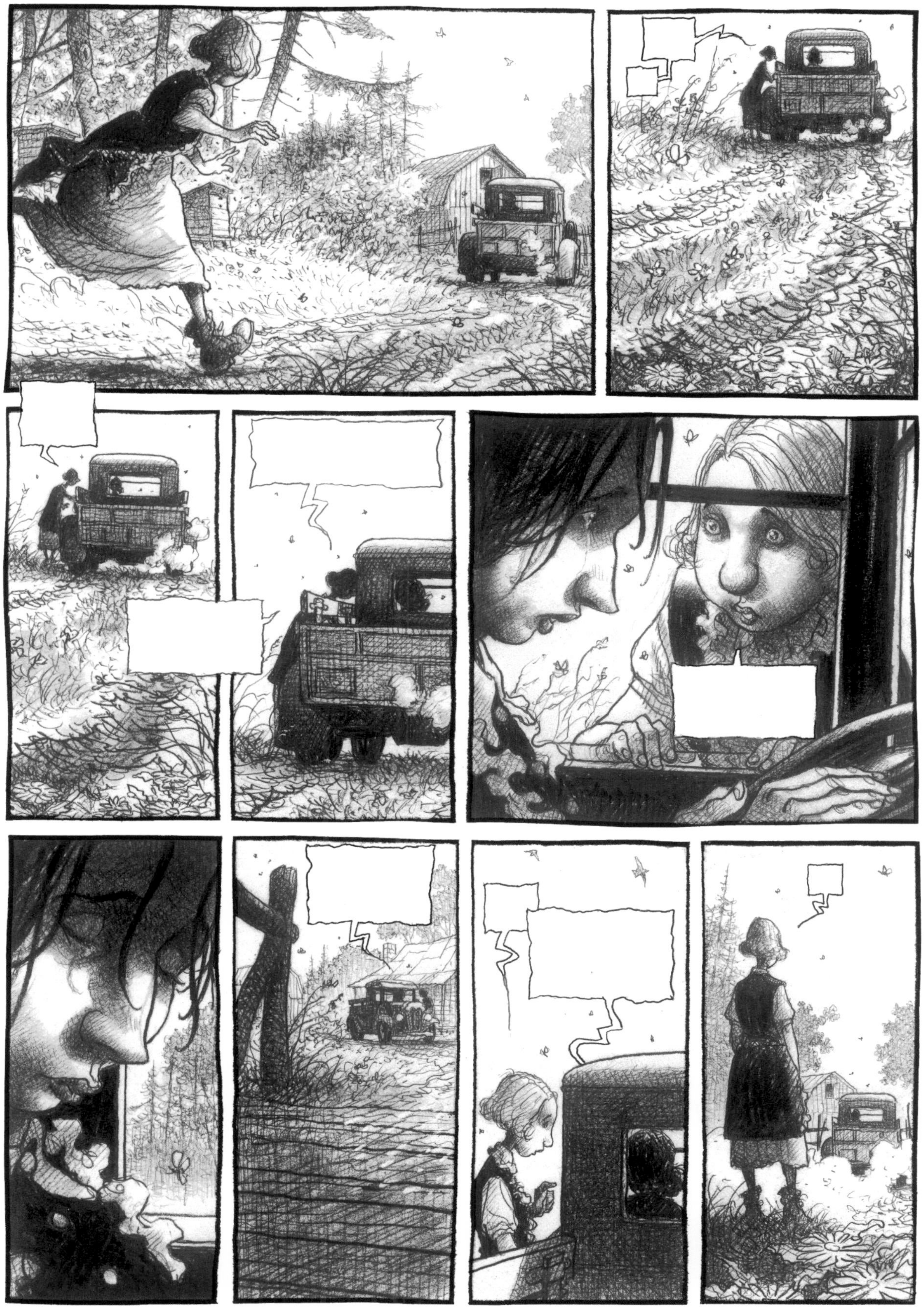

Jean-Louis s'épanouit en distillant des ambiances sensibles et vibrantes par son trait et sa lumière. Ils décident alors de conjuguer leurs talents selon ce principe de plaisir en donnant naissance à un auteur virtuel. L'action de la présente histoire se déroule au Québec dont la langue parlée, si riche et savoureuse, n'est cependant pas d'accès facile pour la plupart des Français. Loisel et Tripp ont donc demandé à Jimmy Beaulieu, talentueux auteur montréalais (*Le Moral des Troupes* - Éditions Mécanique Générale/Les 400 coups), de les aider à trouver un juste niveau de langage qui satisfasse les lecteurs des deux côtés de l'Atlantique.

Encore une fois, merci à :

Michel Laurent, la gang de PhotoSynthèse, et
Christophe Picker pour la décoction d'Hydraste
ainsi que… naturellement François Lapierre.

Pour Dominique et Cécile.
JLT

À ma p'tite Maman...
RL

Cette fois-ci, c'est à mon tour de remercier :
Un grand merci à Régis et Jean-Louis,
qui à chaque année me concoctent un magnifique album à colorier...
FL

www.casterman.com

ISBN 978-2-203-02463-2
N° d'édition : L.10EBBN000984.C005

Achevé d'imprimer en août 2015 en France par Pollina s.a., Luçon - L73179. Dépôt légal : novembre 2009 ; D. 2009/0053/588.

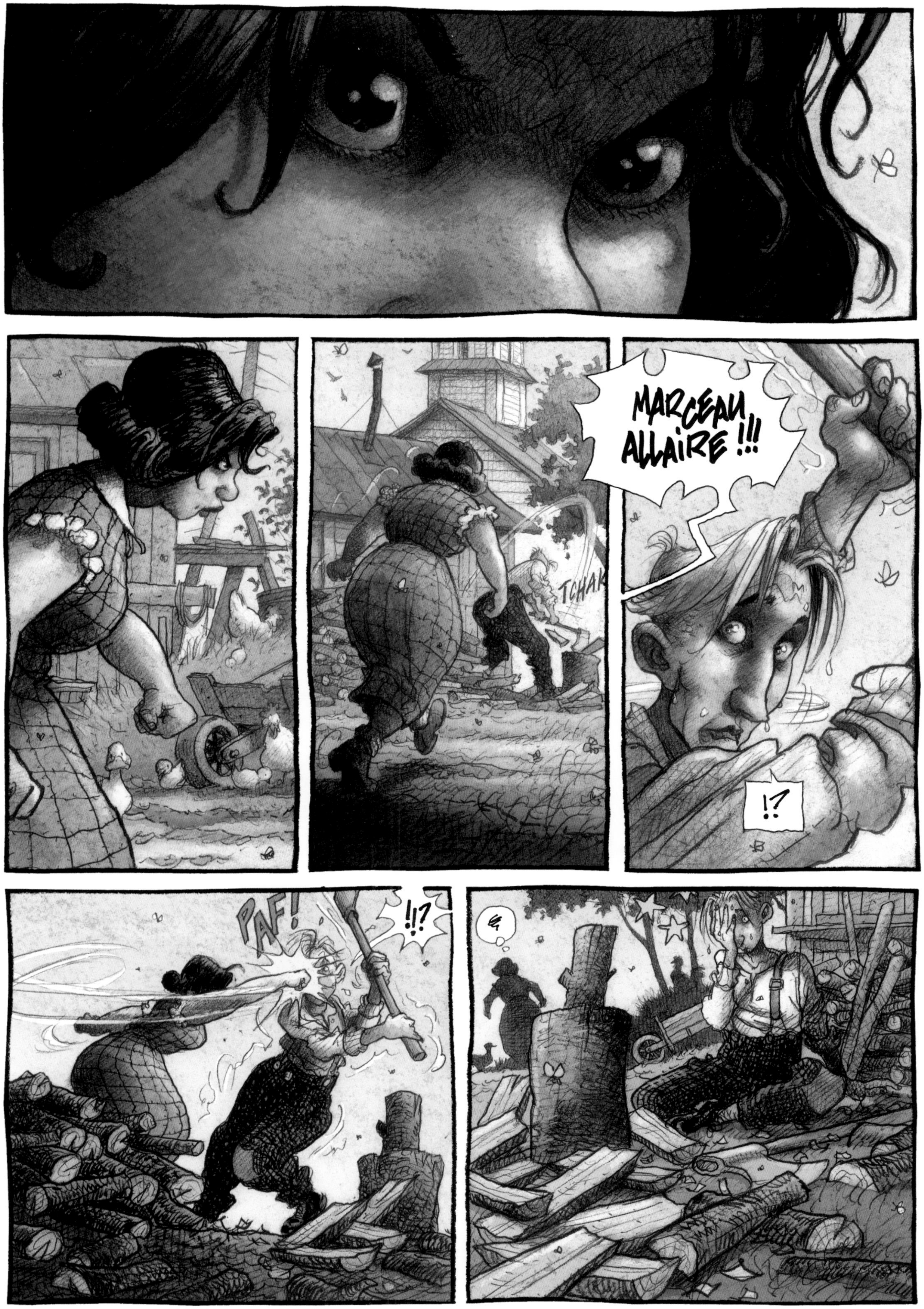
TCHAK
MARCEAU ALLAIRE !!!
!?
PAF!
!!?

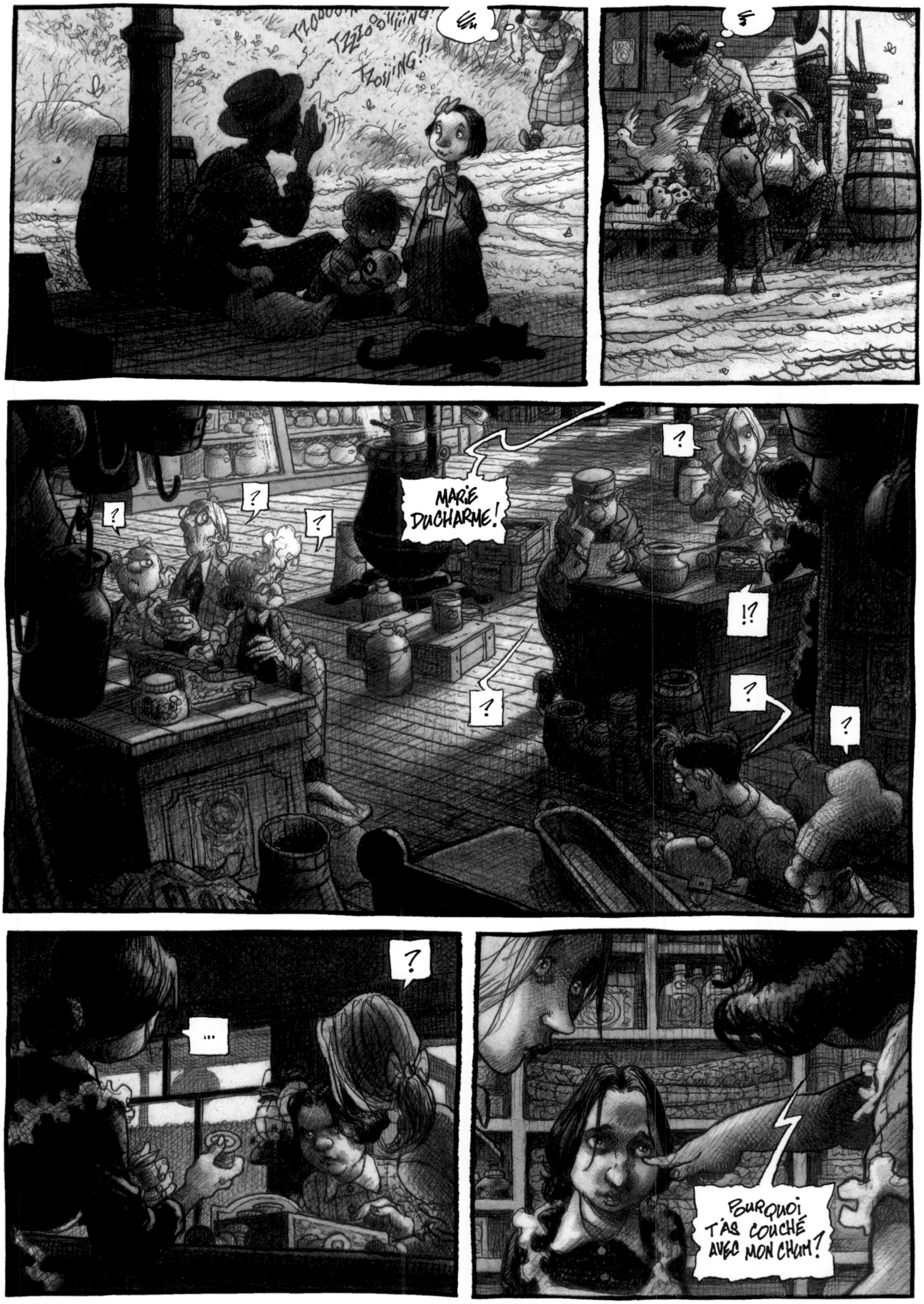
TZZZOOOiiiiNG!
TZOiiiNG!!
?
?
?
MARIE DUCHARME!
?
!?
?
?
?
?
...
POURQUOI T'AS COUCHÉ AVEC MON CHUM?

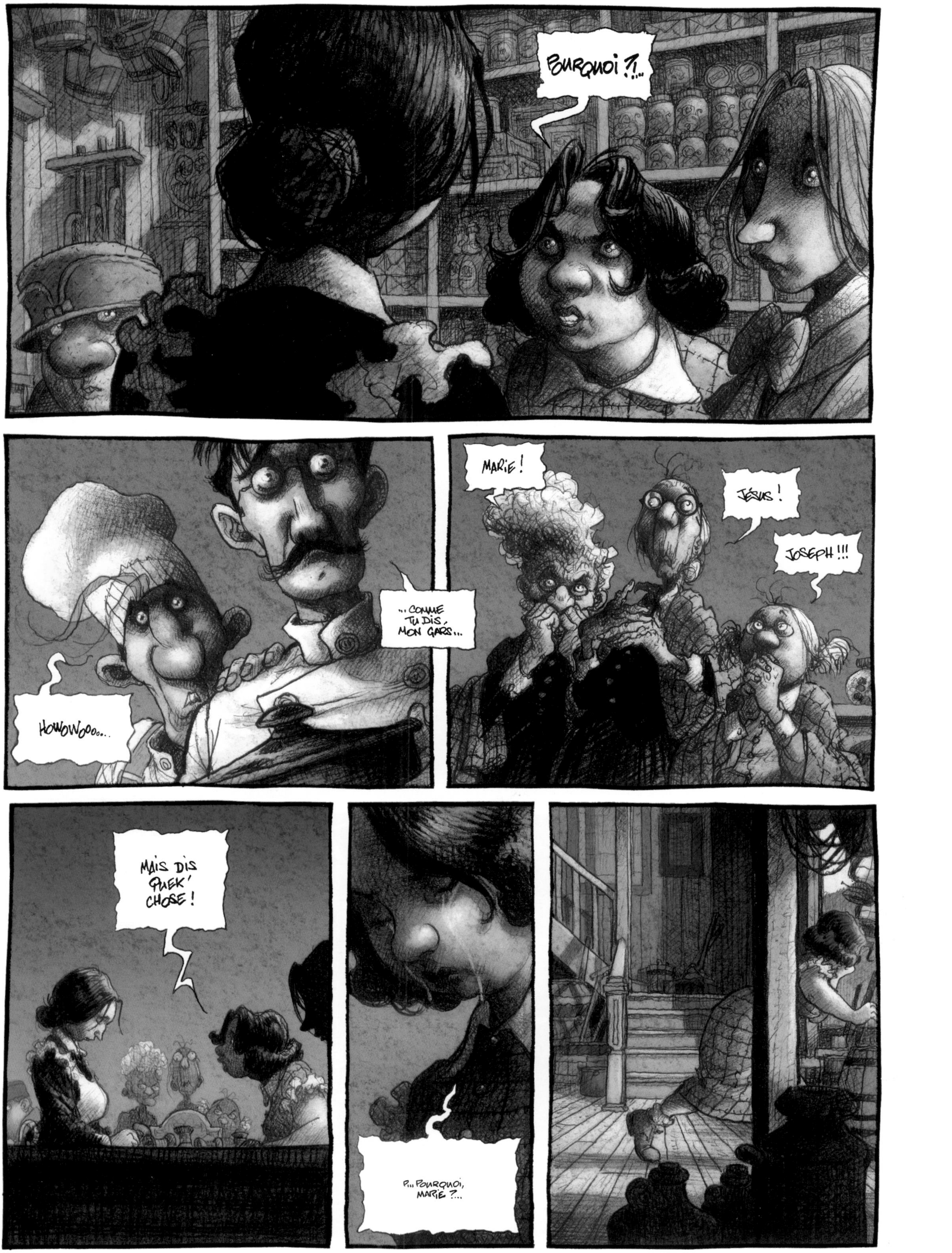
POURQUOI ?!...
... COMME TU DIS, MON GARS...
HOWOWOOO...
MARIE !
JÉSUS !
JOSEPH !!!
MAIS DIS QUEK' CHOSE !
P... POURQUOI, MARIE ?...

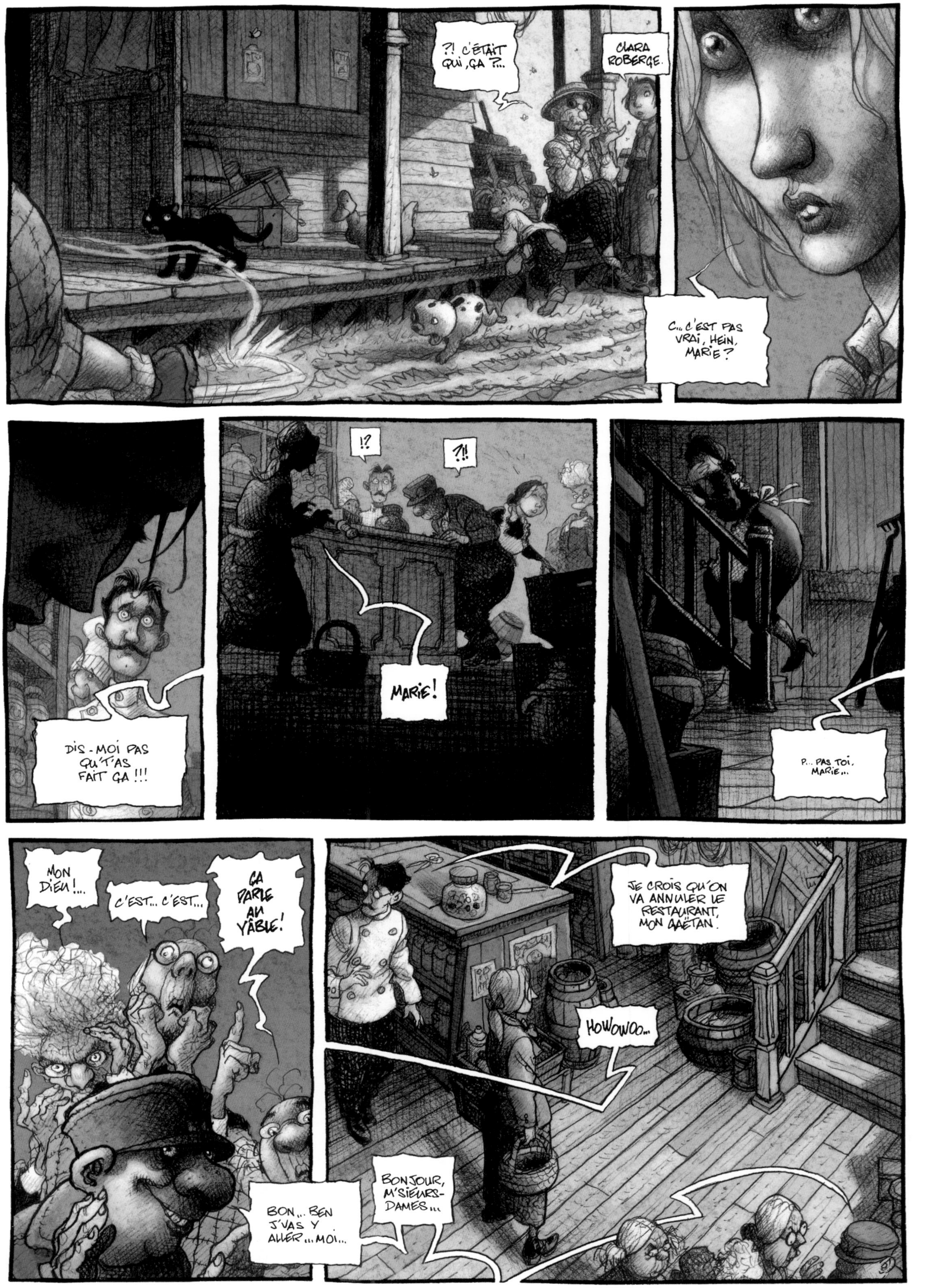
?! C'ÉTAIT QUI, ÇA ?...
CLARA ROBERGE.
C... C'EST PAS VRAI, HEIN, MARIE ?
DIS-MOI PAS QU'T'AS FAIT ÇA !!!
!?
?!!
MARIE !
P... PAS TOI, MARIE...
MON DIEU !...
C'EST... C'EST...
ÇA PARLE AU YÂBLE !
JE CROIS QU'ON VA ANNULER LE RESTAURANT, MON GAËTAN.
HOWOWOO...
BON... BEN J'VAS Y ALLER... MOI...
BONJOUR, M'SIEURS-DAMES...

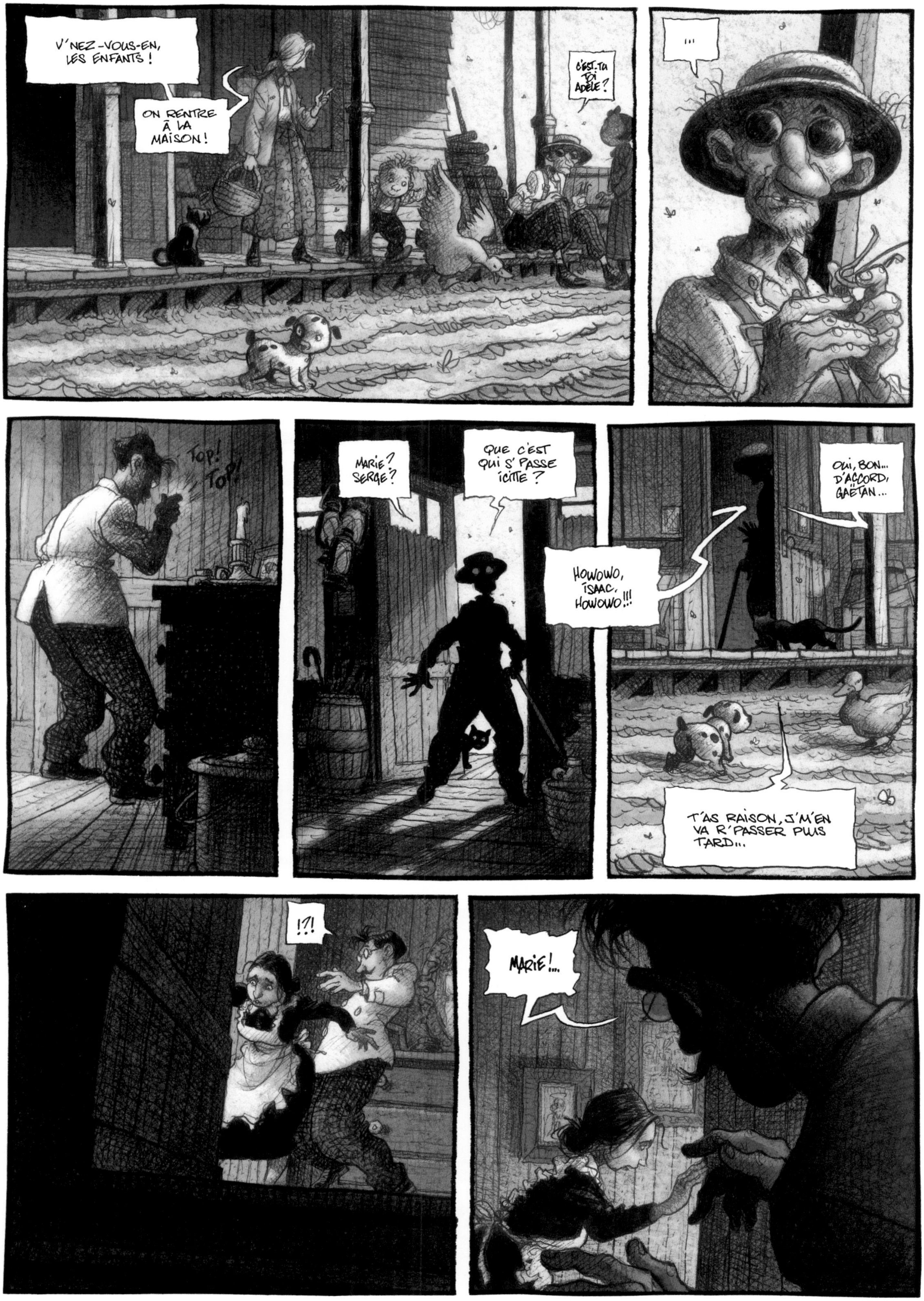
V'NEZ-VOUS-EN, LES ENFANTS !
ON RENTRE À LA MAISON !
C'EST-TU TOI ADÈLE ?
...
TOP ! TOP !
MARIE ? SERGE ?
QUE C'EST QUI S'PASSE ICITTE ?
OUI, BON... D'ACCORD, GAËTAN...
HOWOWO, ISAAC, HOWOWO !!!
T'AS RAISON, J'M'EN VA R'PASSER PLUS TARD...
!?!
MARIE !...

VOUS RESTEZ ICI !

HMPH !

ET VOUS, MESDAMES...

AH ! MARIE IL FAUT QUE...

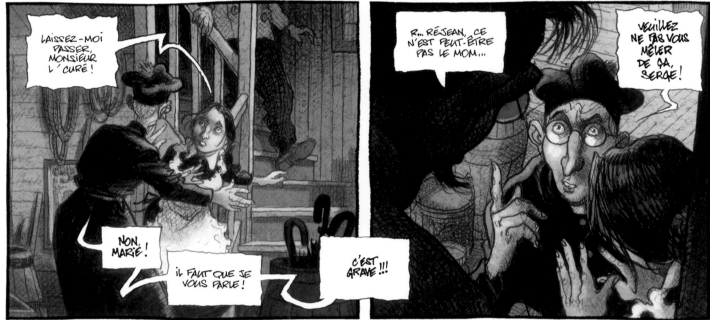

LAISSEZ-MOI PASSER, MONSIEUR L'CURÉ !

NON, MARIE !

IL FAUT QUE JE VOUS PARLE !

C'EST GRAVE !!!

R... RÉJEAN, CE N'EST PEUT-ÊTRE PAS LE MOM...

VEUILLEZ NE PAS VOUS MÊLER DE ÇA, SERGE !

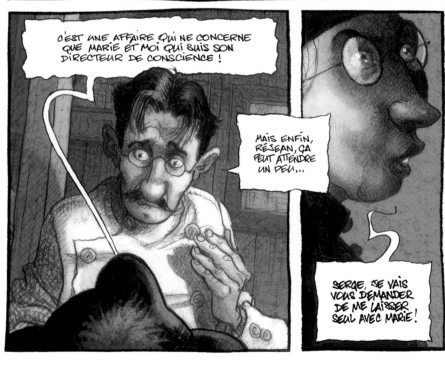

C'EST UNE AFFAIRE QUI NE CONCERNE QUE MARIE ET MOI QUI SUIS SON DIRECTEUR DE CONSCIENCE !

MAIS ENFIN, RÉJEAN, ÇA PEUT ATTENDRE UN PEU...

SERGE, JE VAIS VOUS DEMANDER DE ME LAISSER SEUL AVEC MARIE !

BON !... VIENS, MON GAÉTAN, ON VA ATTENDRE DEHORS...

HOUUOWOO...

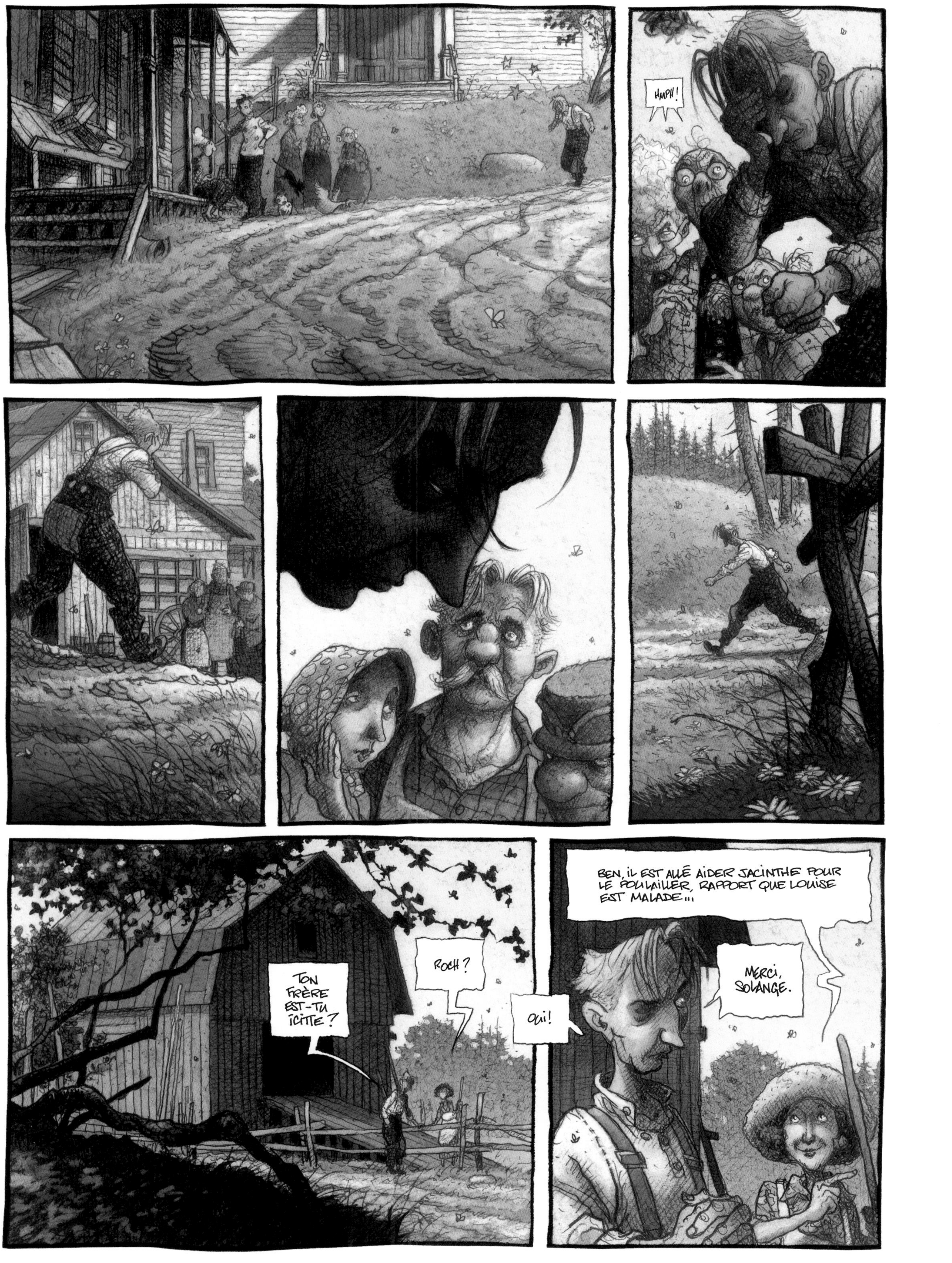
HMPH!
TON FRÈRE EST-TU ICITTE?
ROCH?
OUI!
BEN, IL EST ALLÉ AIDER JACINTHE POUR LE POULAILLER, RAPPORT QUE LOUISE EST MALADE...
MERCI, SOLANGE.

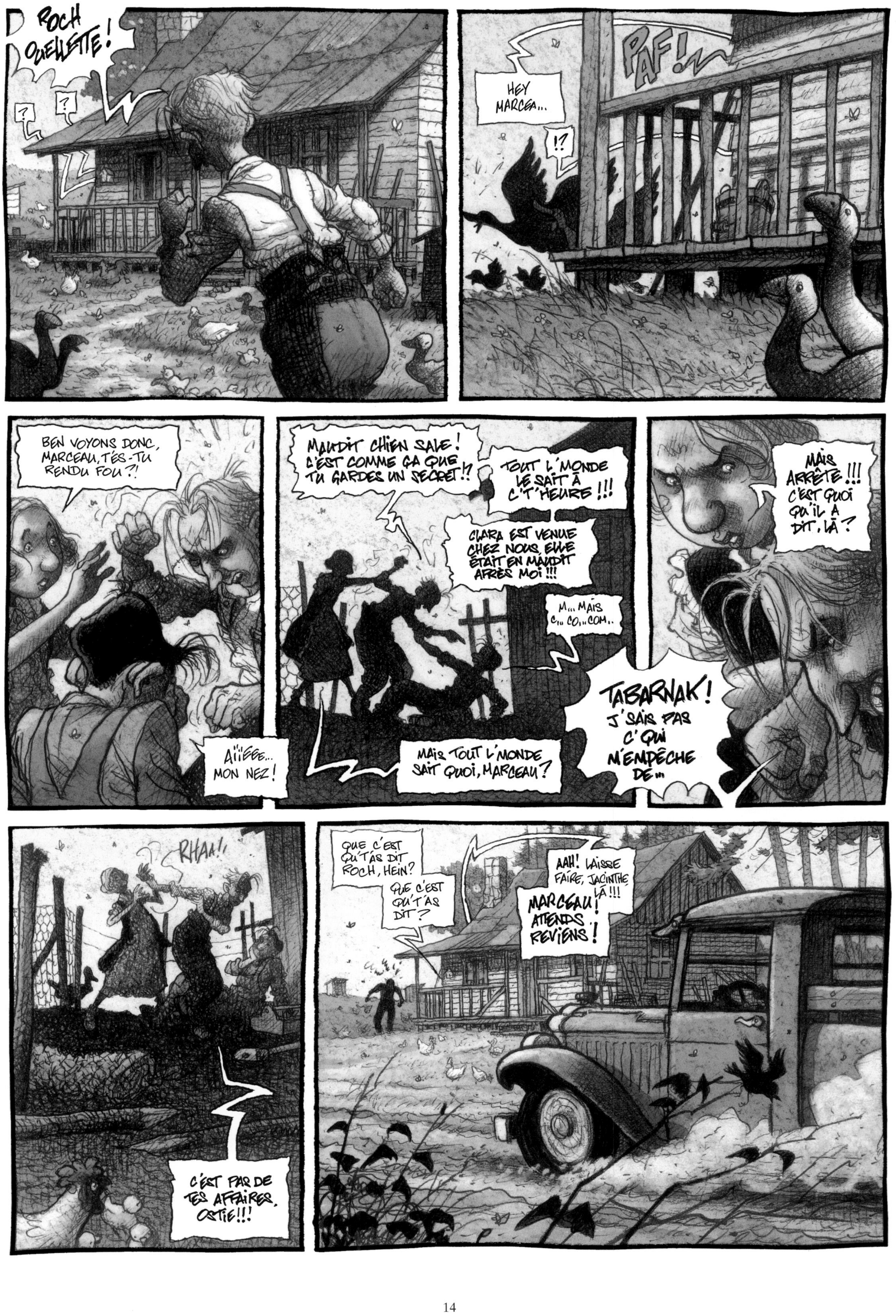
ROCH OUELLETTE !
?
?
HEY MARCEA...
PAF !
!?
BEN VOYONS DONC, MARCEAU, T'ES-TU RENDU FOU ?!
AÏÏEEE... MON NEZ !
MAUDIT CHIEN SALE ! C'EST COMME ÇA QUE TU GARDES UN SECRET !?
TOUT L'MONDE LE SAIT À C'T'HEURE !!!
CLARA EST VENUE CHEZ NOUS, ELLE ÉTAIT EN MAUDIT APRÈS MOI !!!
M... MAIS C... CO... COM..
MAIS TOUT L'MONDE SAIT QUOI, MARCEAU ?
MAIS ARRÊTE !!! C'EST QUOI QU'IL A DIT, LÀ ?
TABARNAK ! J'SAIS PAS C'QUI M'EMPÊCHE DE...
RHAA !
C'EST PAS DE TES AFFAIRES, OSTIE !!!
QUE C'EST QU'T'AS DIT ROCH, HEIN ?
QUE C'EST QU'T'AS DIT ?
AAH ! LAISSE FAIRE, JACINTHE LÀ !!!
MARCEAU ! ATTENDS ! REVIENS !

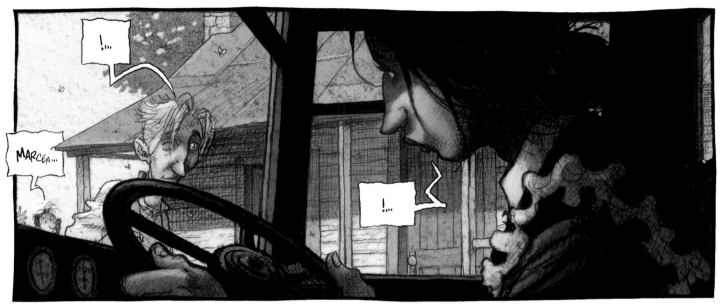

!....

MARCEA...

!....

MARCEAU, OSTIE, TU VAS-TU M'ÉCOUTER!?

!?...

...

MARIE ?

MARCEAU, ATTENDS-MOI J'VAS T'EXPLIQUER!...

JACINTHE... QUE C'EST QUI S'PASSE, COUDONC ?

J'ARRIVE, GRAND-MÔMAN, J'ARRIVE!

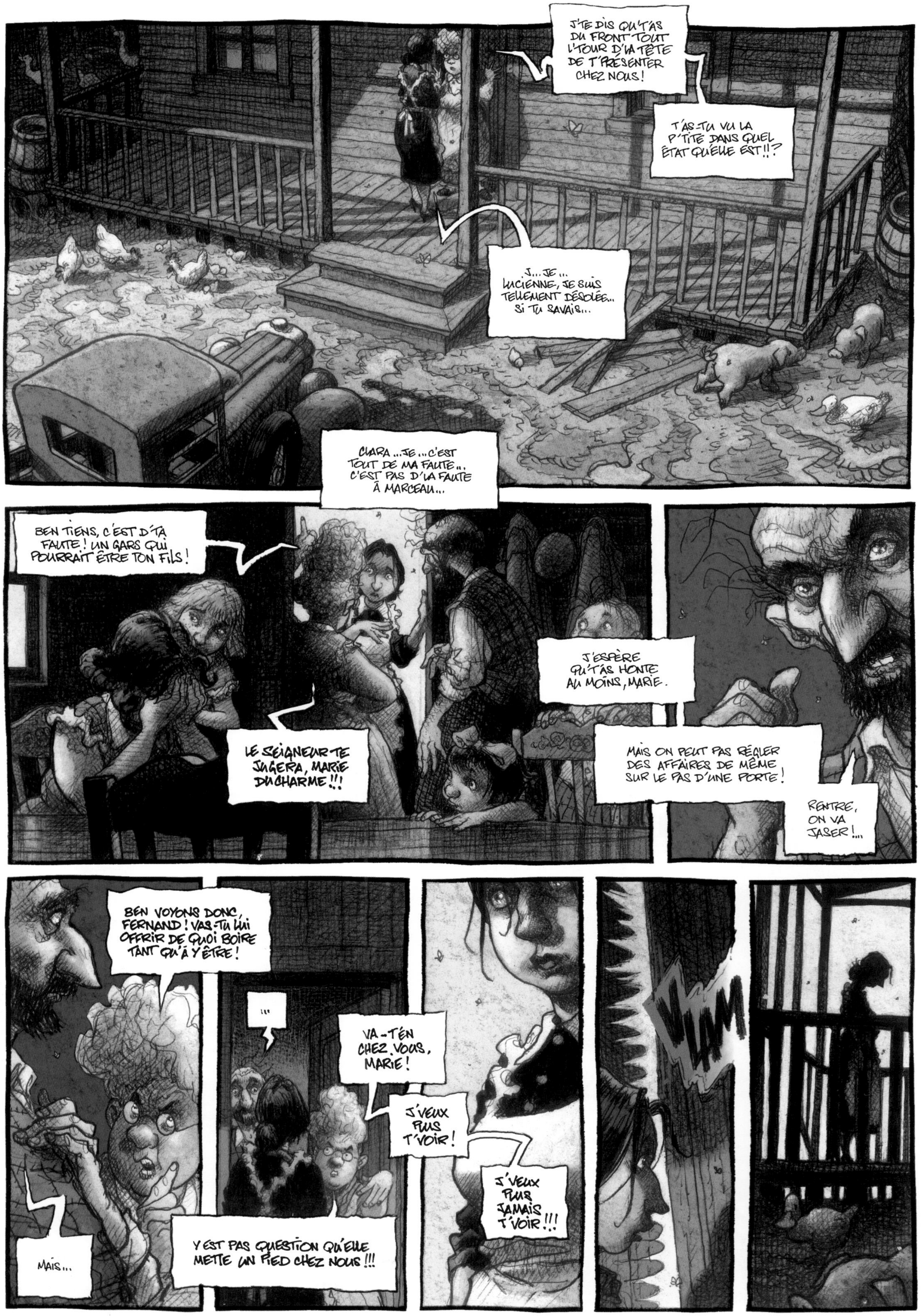
J'TE DIS QU'T'AS DU FRONT TOUT L'TOUR D'LA TÊTE DE T'PRÉSENTER CHEZ NOUS !
T'AS-TU VU LA P'TITE DANS QUEL ÉTAT QU'ELLE EST !!?
J... JE... LUCIENNE, JE SUIS TELLEMENT DÉSOLÉE... SI TU SAVAIS...
CLARA... JE... C'EST TOUT DE MA FAUTE... C'EST PAS D'LA FAUTE À MARCEAU...
BEN TIENS, C'EST D'TA FAUTE ! UN GARS QUI POURRAIT ÊTRE TON FILS !
LE SEIGNEUR TE JUGERA, MARIE DUCHARME !!!
J'ESPÈRE QU'T'AS HONTE AU MOINS, MARIE.
MAIS ON PEUT PAS RÉGLER DES AFFAIRES DE MÊME SUR LE PAS D'UNE PORTE !
RENTRE, ON VA JASER !...
BEN VOYONS DONC, FERNAND ! VAS-TU LUI OFFRIR DE QUOI BOIRE TANT QU'À Y ÊTRE !
MAIS...
Y EST PAS QUESTION QU'ELLE METTE UN PIED CHEZ NOUS !!!
...!
VA-T'EN CHEZ VOUS, MARIE !
J'VEUX PLUS T'VOIR !
J'VEUX PLUS JAMAIS T'VOIR !!!
VLAM

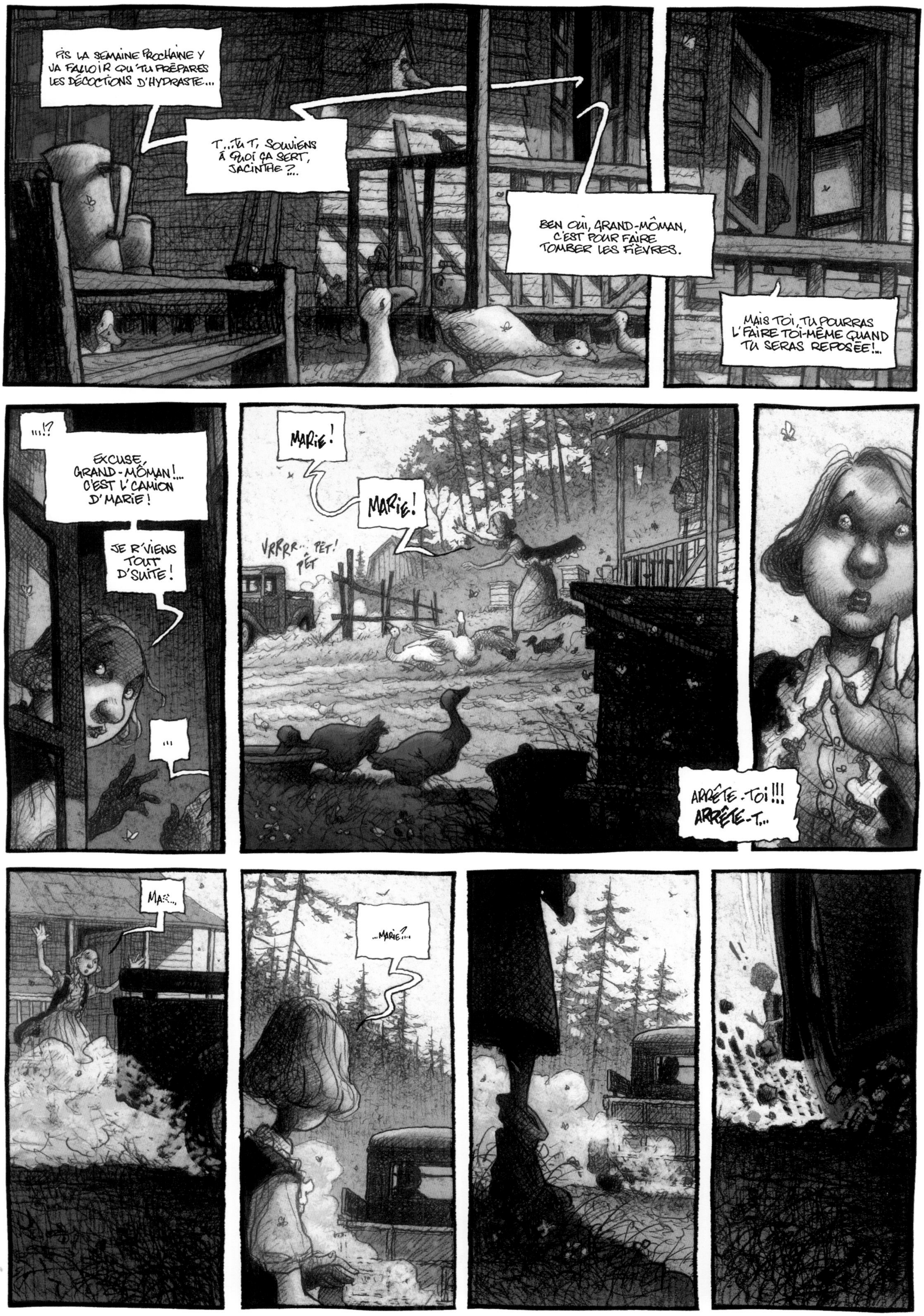

PIS LA SEMAINE PROCHAINE Y VA FALLOIR QU'TU PRÉPARES LES DÉCOCTIONS D'HYDRASTE...
T...TU T, SOUVIENS À QUOI ÇA SERT, JACINTHE ?...
BEN OUI, GRAND-MÔMAN, C'EST POUR FAIRE TOMBER LES FIÈVRES.
MAIS TOI, TU POURRAS L'FAIRE TOI-MÊME QUAND TU SERAS REPOSÉE!...
...!?
EXCUSE, GRAND-MÔMAN!... C'EST L'CAMION D'MARIE!
JE R'VIENS TOUT D'SUITE!
...
MARIE!
MARIE!
VRRRR... PÈT! PÈT
ARRÊTE-TOI!!! ARRÊTE-T...
MA...
...MARIE?...
!!

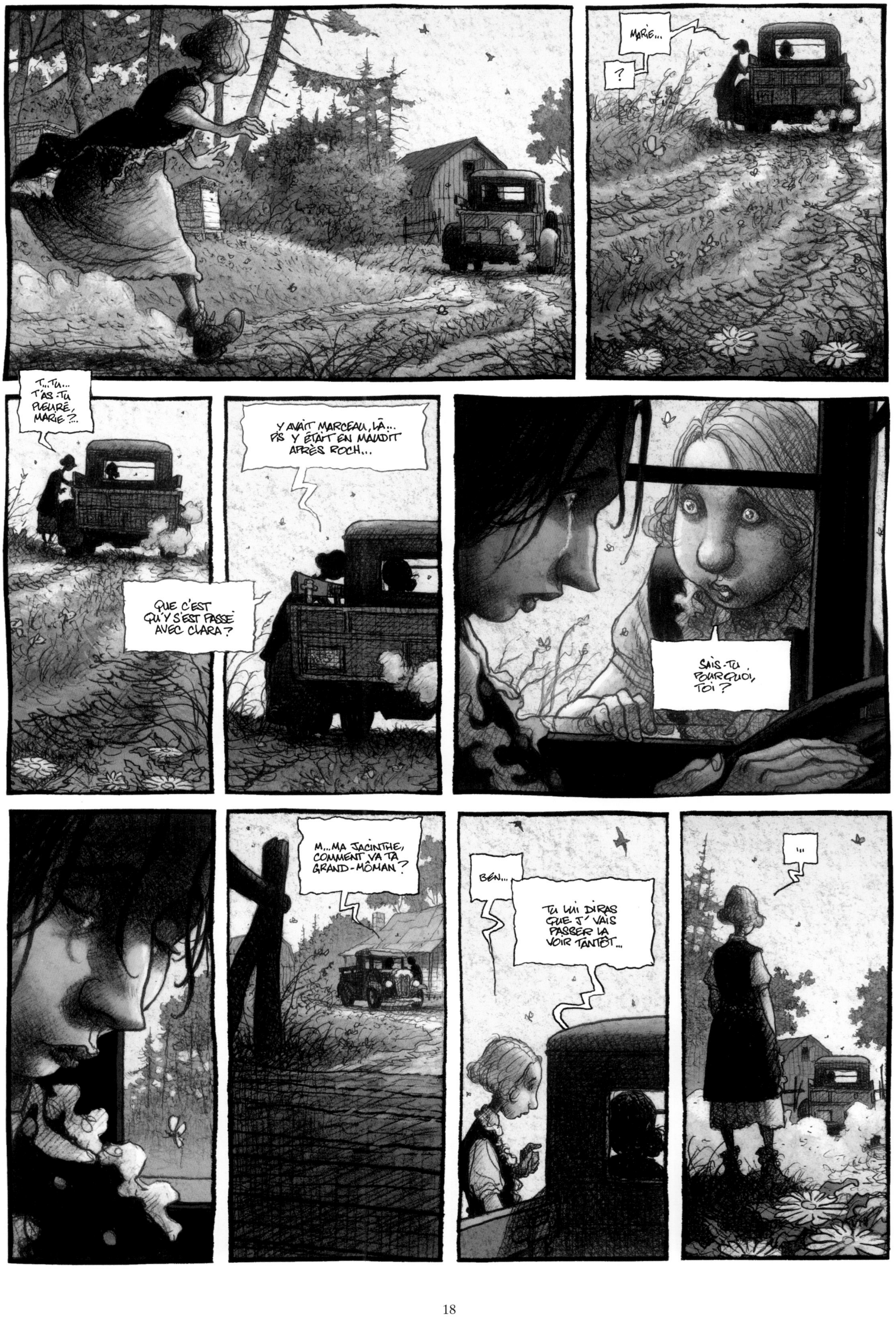
MARIE...
?
T...TU... T'AS-TU PLEURÉ, MARIE ?...
QUE C'EST QU'Y S'EST PASSÉ AVEC CLARA ?
Y AVAIT MARCEAU, LÀ... PIS Y ÉTAIT EN MAUDIT APRÈS ROCH...
SAIS-TU POURQUOI, TOI ?
M... MA JACINTHE, COMMENT VA TA GRAND-MÔMAN ?
BEN...
TU LUI DIRAS QUE J' VAIS PASSER LA VOIR TANTÔT...
...

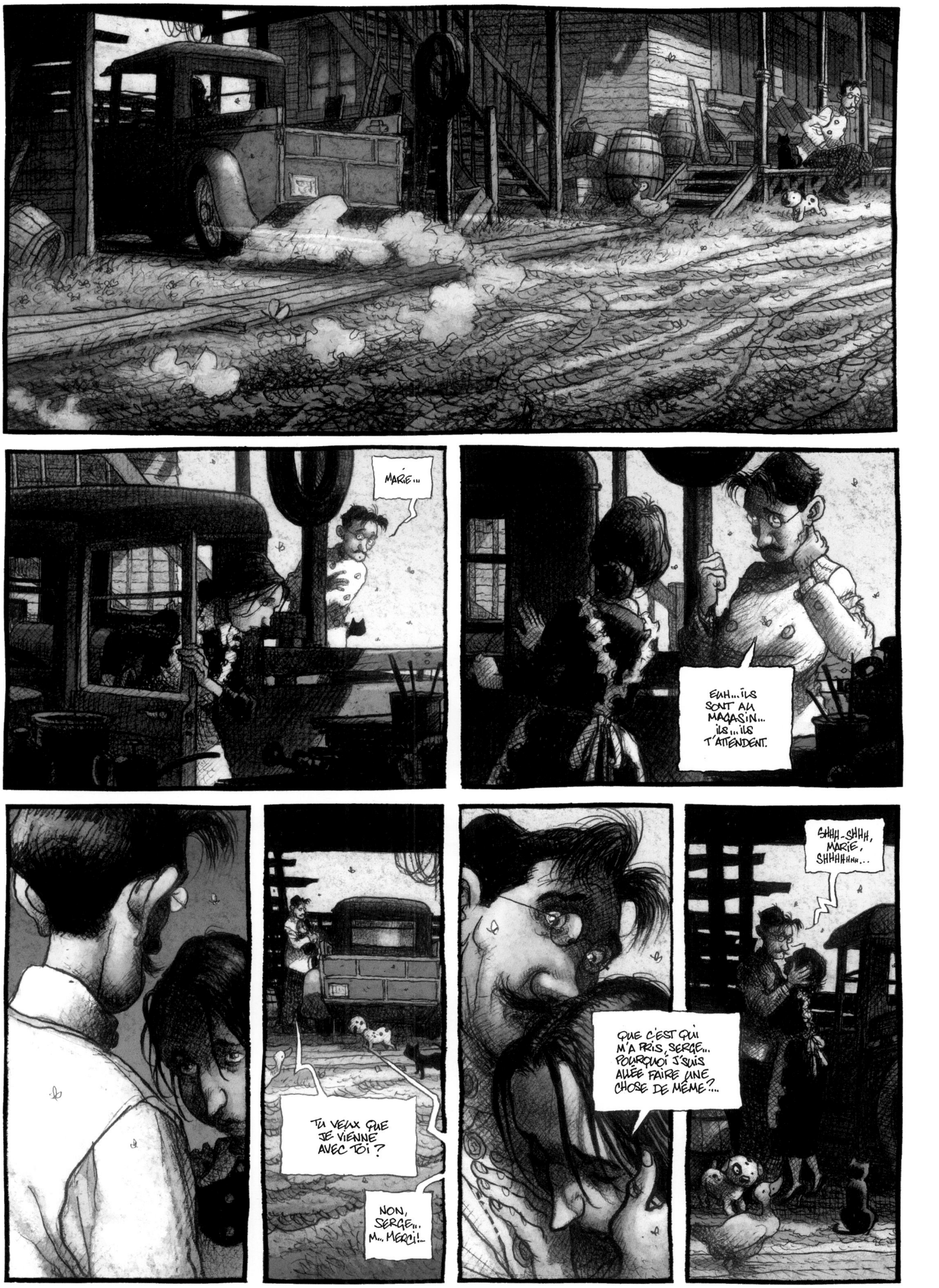
MARIE...
EUH... ILS SONT AU MAGASIN... ILS... ILS T'ATTENDENT.
TU VEUX QUE JE VIENNE AVEC TOI ?
NON, SERGE... M... MERCI!...
QUE C'EST QUI M'A PRIS, SERGE... POURQUOI J'SUIS ALLÉE FAIRE UNE CHOSE DE MÊME?...
SHHH-SHHH, MARIE, SHHHHHHH...

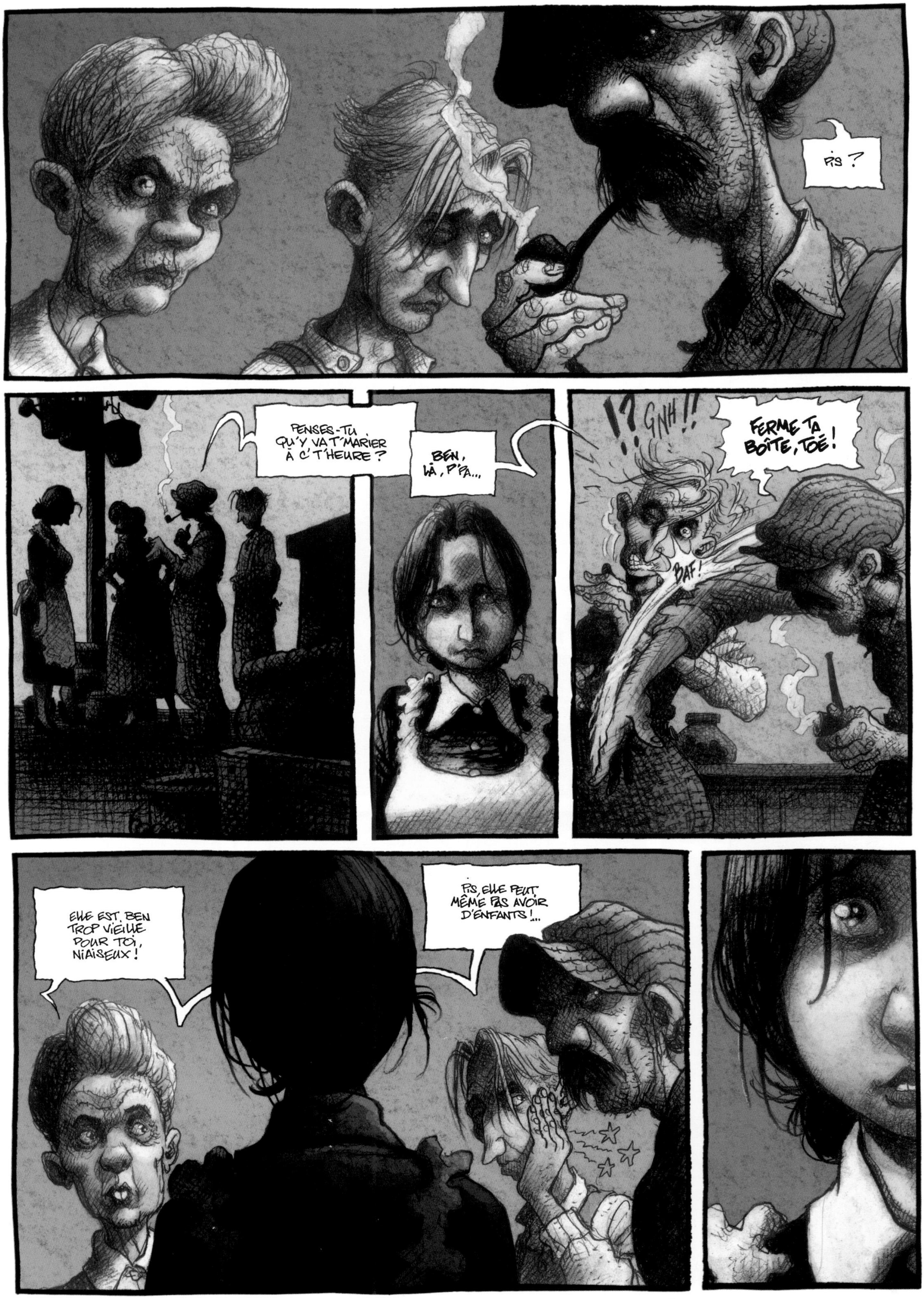
PIS ?
PENSES-TU QU'Y VA T'MARIER À C'T'HEURE ?
BEN, LÀ, P'PA...
!? GNH !!
FERME TA BOÎTE, TOÉ !
BAF !
ELLE EST BEN TROP VIEILLE POUR TOI, NIAISEUX !
PIS, ELLE PEUT MÊME PAS AVOIR D'ENFANTS !...

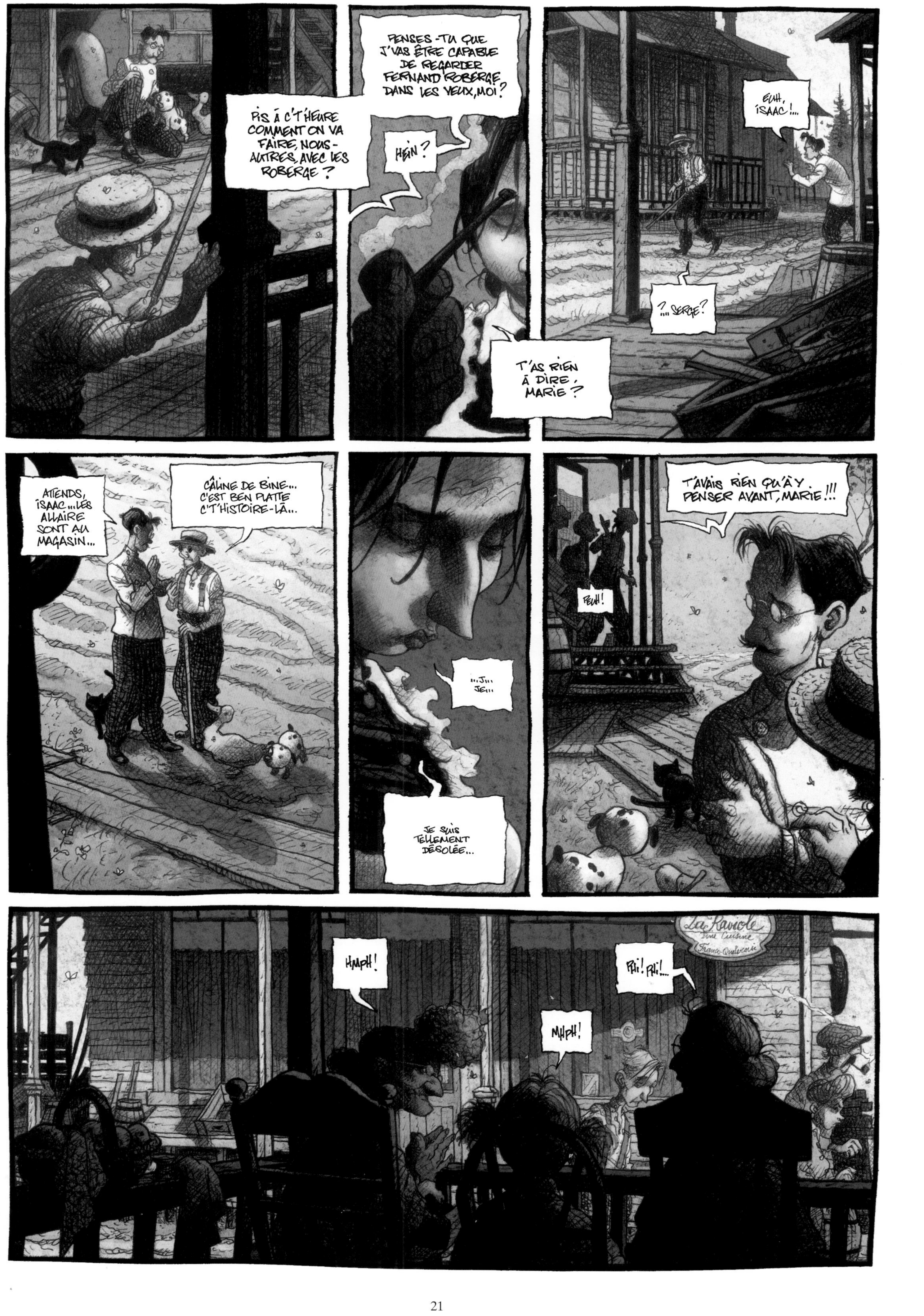
PIS À C'T'HEURE COMMENT ON VA FAIRE, NOUS-AUTRES, AVEC LES ROBERGE ?
PENSES-TU QUE J'VAS ÊTRE CAPABLE DE REGARDER FERNAND ROBERGE DANS LES YEUX, MOI ?
HEIN ?
T'AS RIEN À DIRE, MARIE ?
EUH, ISAAC !...
?... SERGE ?
ATTENDS, ISAAC... LES ALLAIRE SONT AU MAGASIN...
CÂLINE DE BINE... C'EST BEN PLATTE C'T'HISTOIRE-LÀ...
...J... JE...
JE SUIS TELLEMENT DÉSOLÉE...
T'AVAIS RIEN QU'À Y PENSER AVANT, MARIE !!!
PFUH !
La Raviole
HMPH !
PFI ! PFI !...
MHPH !

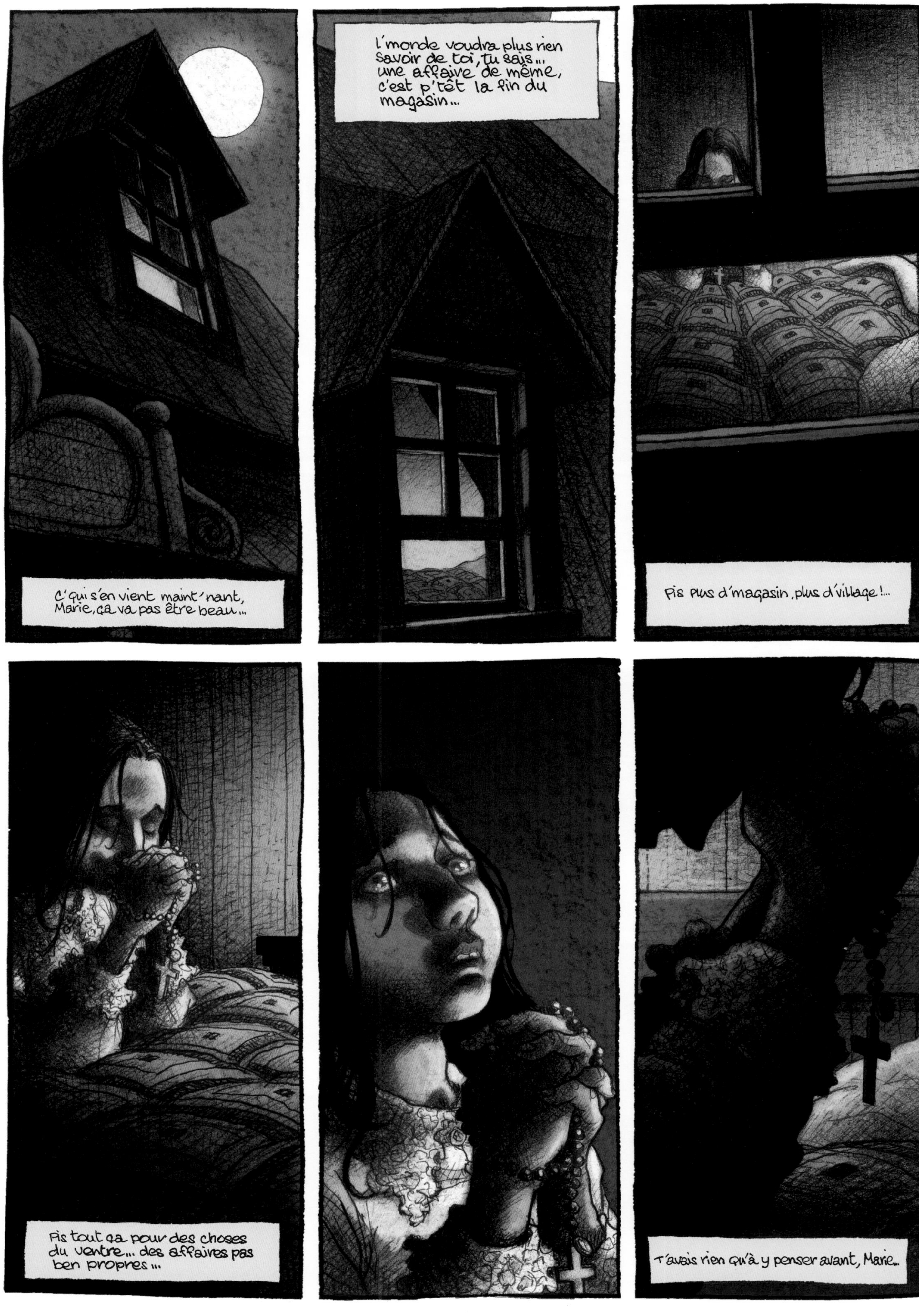
C'qui s'en vient maint'nant, Marie, ça va pas être beau...
L'monde voudra plus rien savoir de toi, tu sais... une affaire de même, c'est p'têt la fin du magasin...
Pis plus d'magasin, plus d'village !...
Pis tout ça pour des choses du ventre... des affaires pas ben propres...
T'avais rien qu'à y penser avant, Marie...

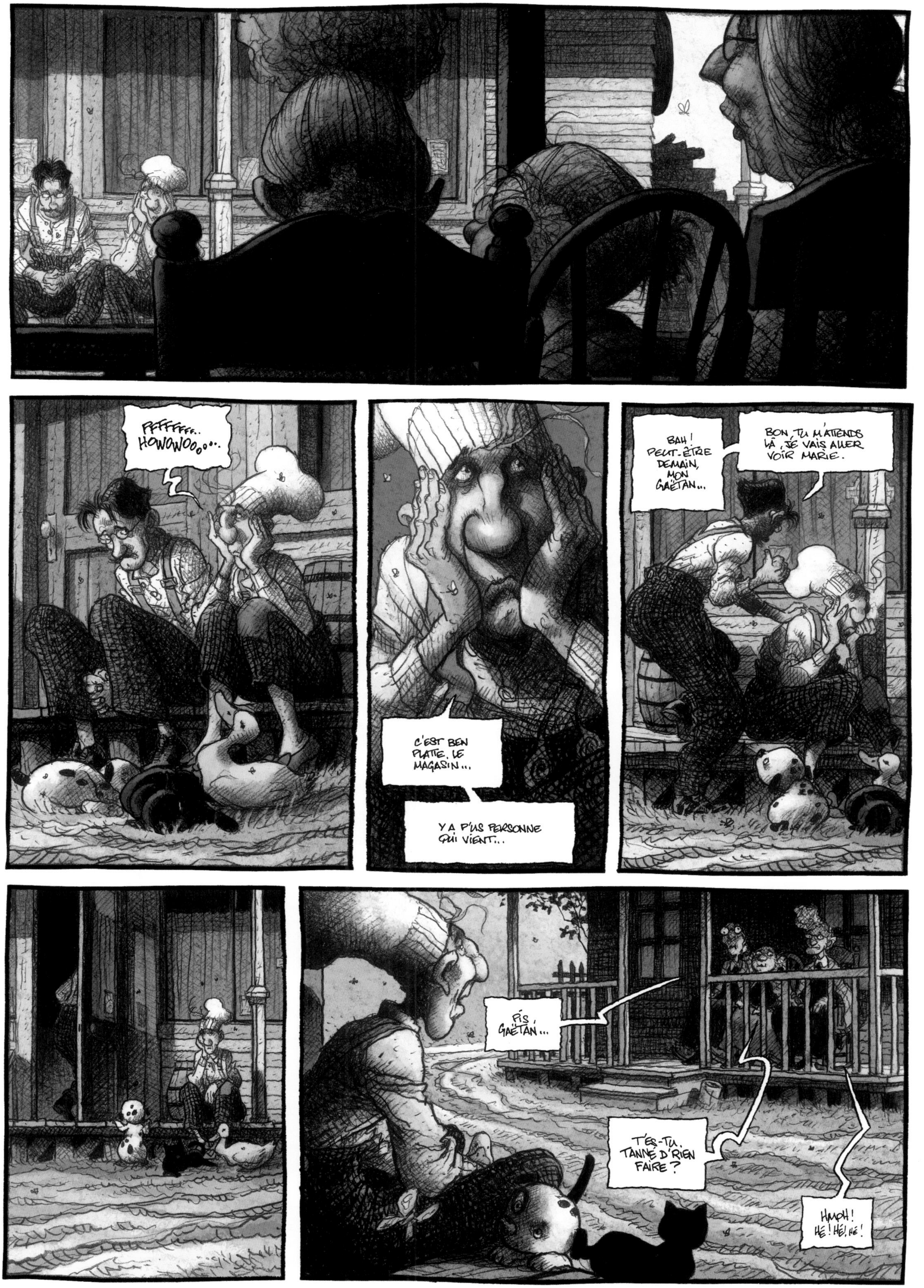
PFFFFFFF..
HOWOWOOOOO..
C'EST BEN PLATTE, LE MAGASIN...
Y A P'US PERSONNE QUI VIENT...
BAH ! PEUT-ÊTRE DEMAIN, MON GAËTAN...
BON, TU M'ATTENDS LÀ, JE VAIS ALLER VOIR MARIE.
FIS, GAËTAN...
T'ES-TU TANNÉ D'RIEN FAIRE ?
HMPH ! HÉ ! HÉ ! HÉ !

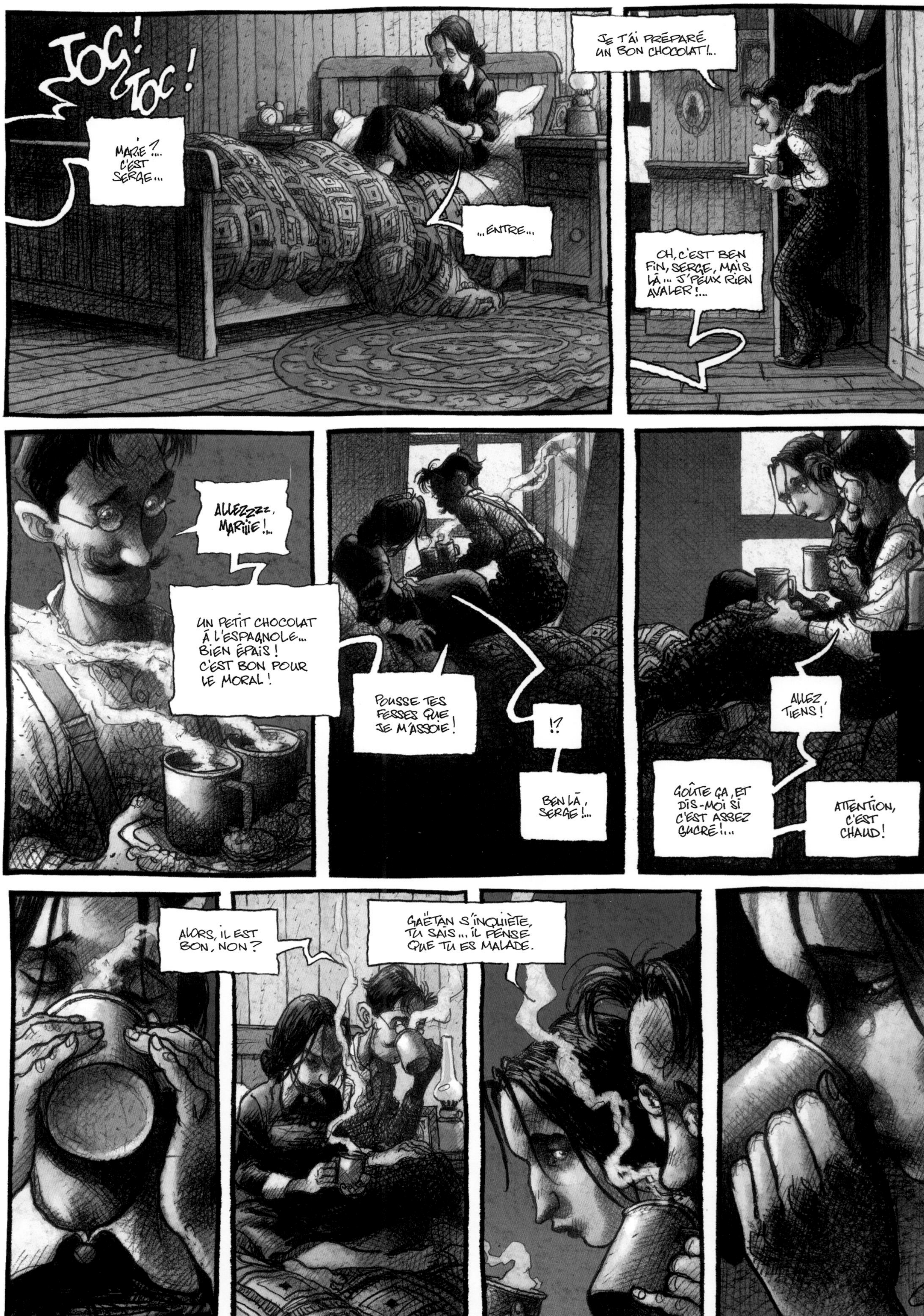
TOC! TOC!
MARIE ?... C'EST SERGE...
...ENTRE...
JE T'AI PRÉPARÉ UN BON CHOCOLAT !..
OH, C'EST BEN FIN, SERGE, MAIS LÀ... J'PEUX RIEN AVALER !...
ALLEZzzz, MARIIIE !...
UN PETIT CHOCOLAT À L'ESPAGNOLE... BIEN ÉPAIS ! C'EST BON POUR LE MORAL !
POUSSE TES FESSES QUE JE M'ASSOIE !
!?
BEN LÀ, SERGE !...
ALLEZ, TIENS !
GOÛTE ÇA, ET DIS-MOI SI C'EST ASSEZ SUCRÉ !...
ATTENTION, C'EST CHAUD !
ALORS, IL EST BON, NON ?
GAËTAN S'INQUIÈTE, TU SAIS... IL PENSE QUE TU ES MALADE.

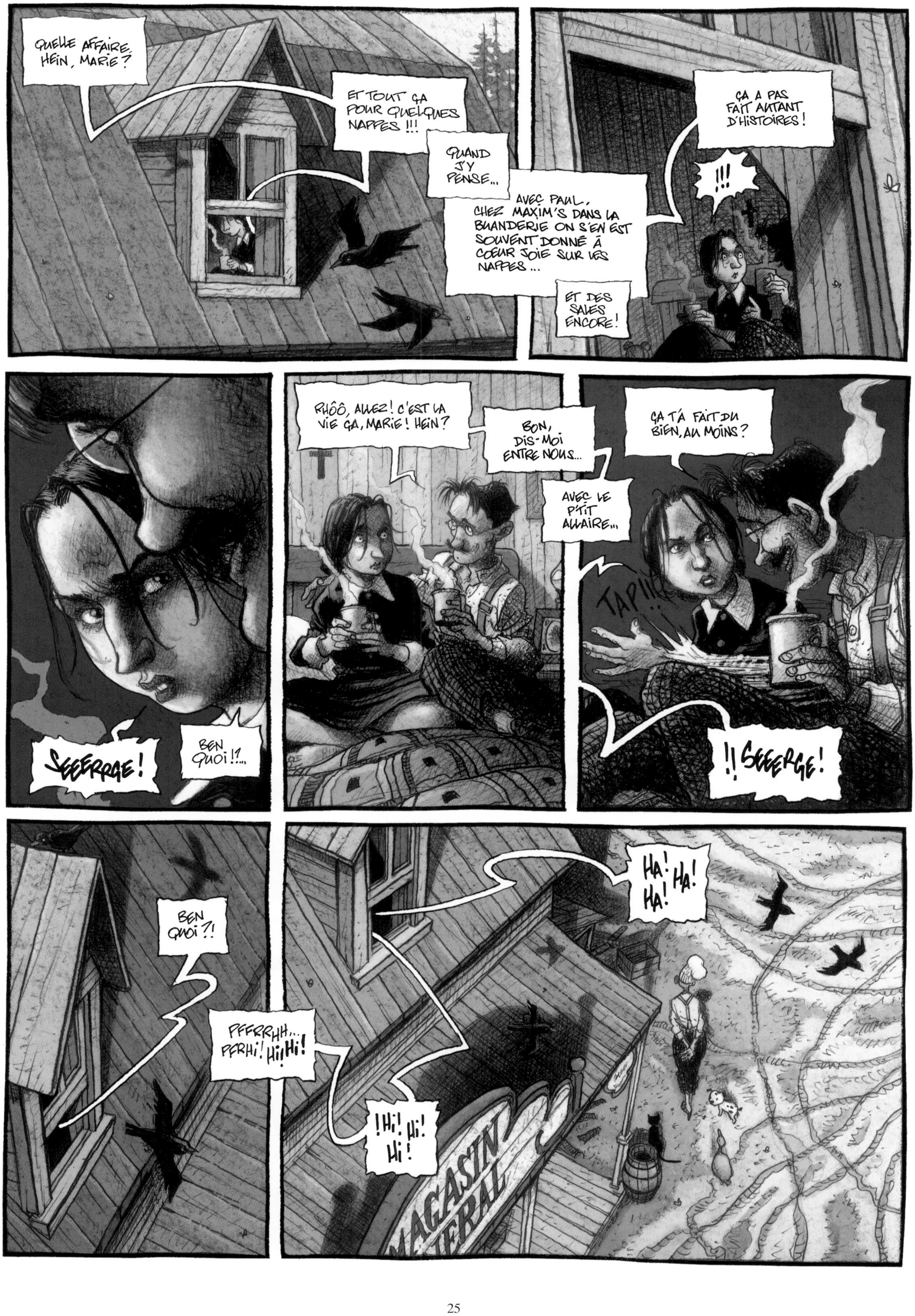
QUELLE AFFAIRE, HEIN, MARIE ?
ET TOUT ÇA POUR QUELQUES NAPPES !!!
QUAND J'Y PENSE...
AVEC PAUL, CHEZ MAXIM'S DANS LA BUANDERIE ON S'EN EST SOUVENT DONNÉ À COEUR JOIE SUR LES NAPPES...
ET DES SALES ENCORE !
ÇA A PAS FAIT AUTANT D'HISTOIRES !
!!!
SEEERGE !
BEN QUOI !?...
RHÔÔ, ALLEZ ! C'EST LA VIE ÇA, MARIE ! HEIN ?
BON, DIS-MOI ENTRE NOUS...
AVEC LE P'TIT ALLAIRE...
ÇA T'A FAIT DU BIEN, AU MOINS ?
TAP !!!
!! SEEERGE !
BEN QUOI ?!
PFFRRHH... PFRHI ! HI ! HI !
HA ! HA ! HA !
! HI ! HI ! HI !
MAGASIN GÉNÉRAL

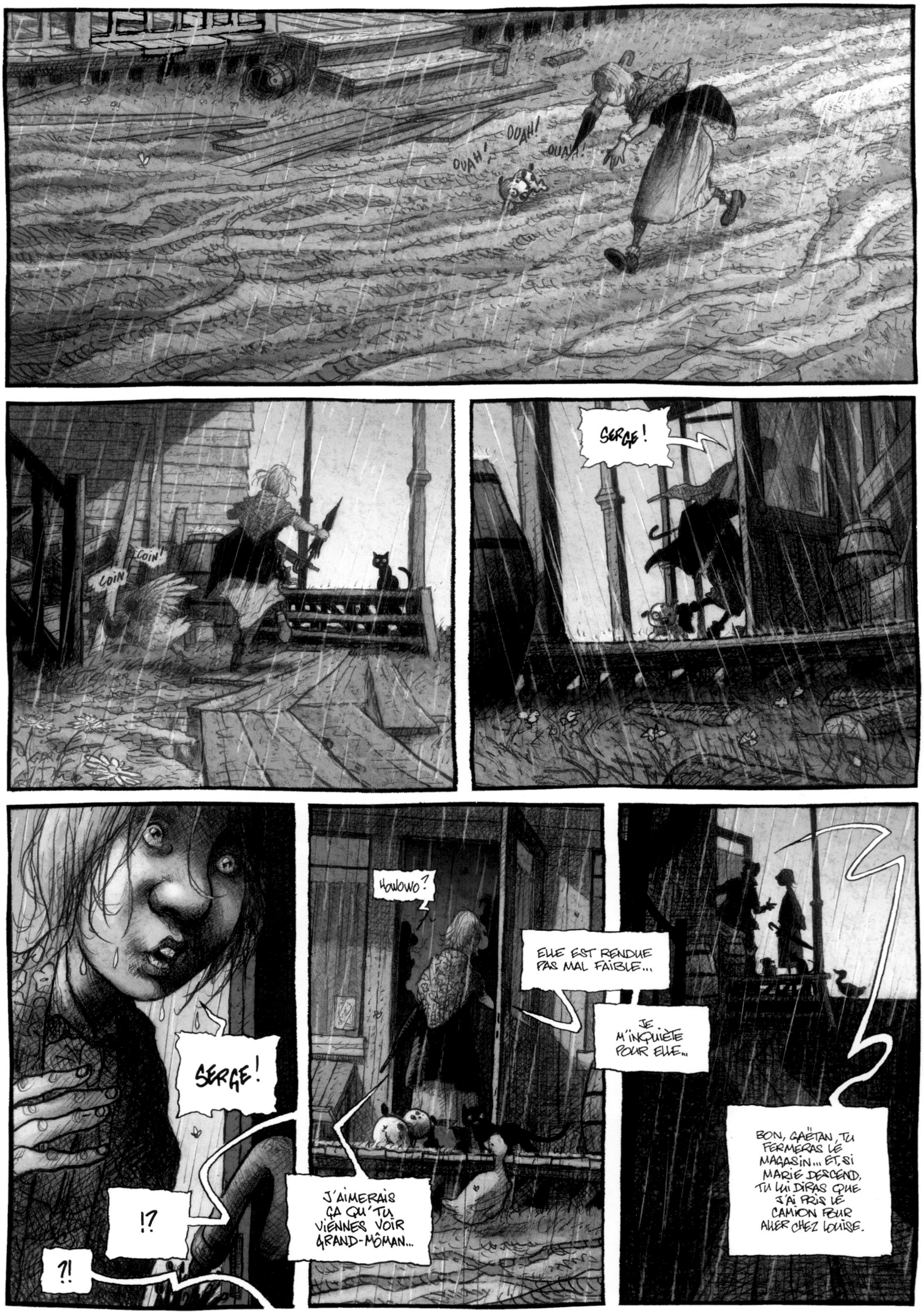
OUAH!
OUAH!
OUAH!
COIN
COIN!
SERGE!
SERGE!
!?
?!
HOWOWO?
J'AIMERAIS ÇA QU'TU VIENNES VOIR GRAND-MÔMAN...
ELLE EST RENDUE PAS MAL FAIBLE...
JE M'INQUIÈTE POUR ELLE...
BON, GAËTAN, TU FERMERAS LE MAGASIN... ET, SI MARIE DESCEND, TU LUI DIRAS QUE J'AI PRIS LE CAMION POUR ALLER CHEZ LOUISE.

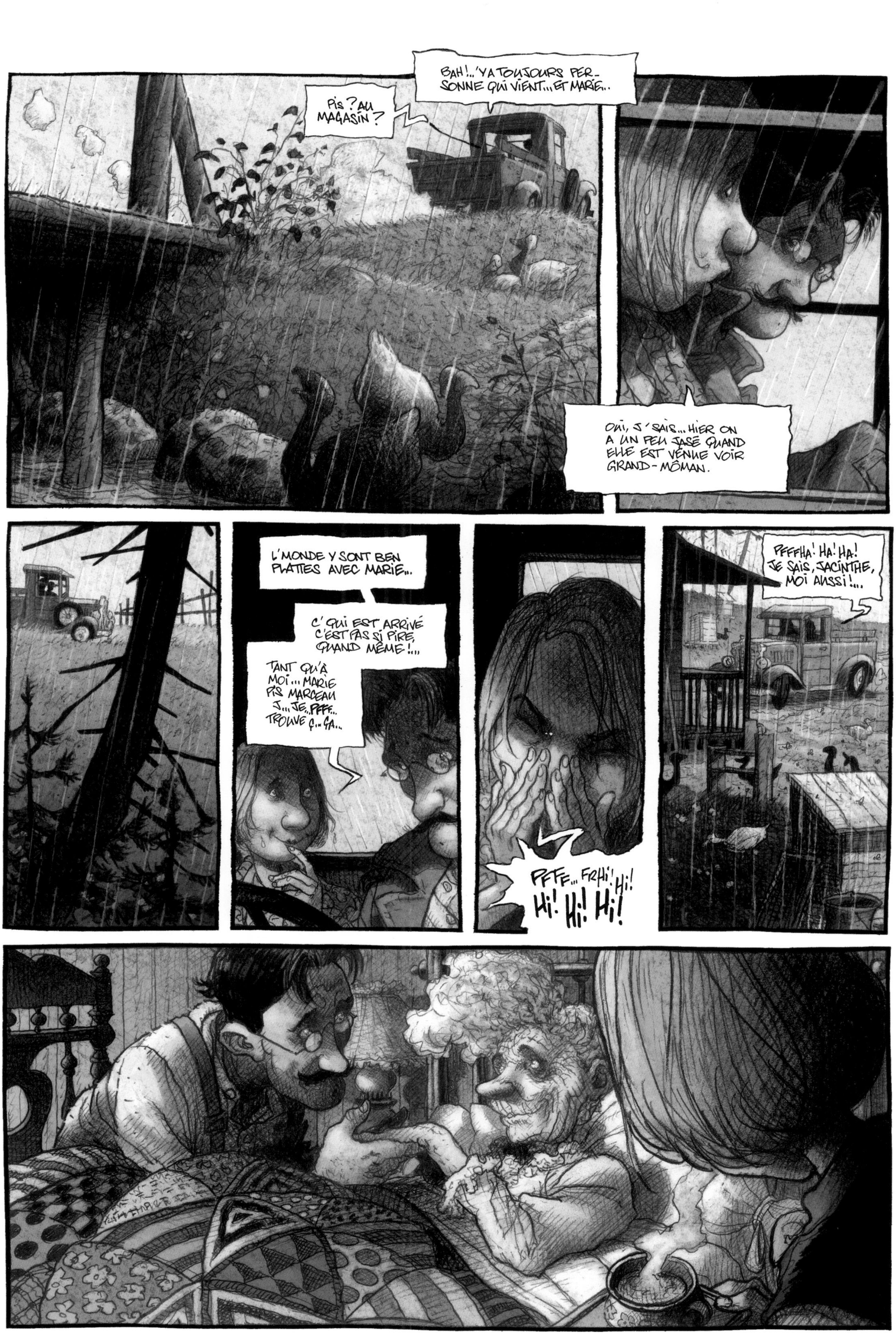

PIS ? AU MAGASIN ?
BAH !.. 'YA TOUJOURS PER-SONNE QUI VIENT... ET MARIE..
OUI, J'SAIS... HIER ON A UN PEU JASÉ QUAND ELLE EST VENUE VOIR GRAND-MÔMAN.
L'MONDE Y SONT BEN PLATTES AVEC MARIE..
C'QUI EST ARRIVÉ C'EST PAS SI PIRE, QUAND MÊME !...
TANT QU'À MOI... MARIE PIS MARCEAU J... JE.. PFFF... TROUVE Ç... ÇA...
PFFF... FRHI ! HI ! HI ! HI ! HI !
PFFFHA ! HA ! HA ! JE SAIS, JACINTHE, MOI AUSSI !...

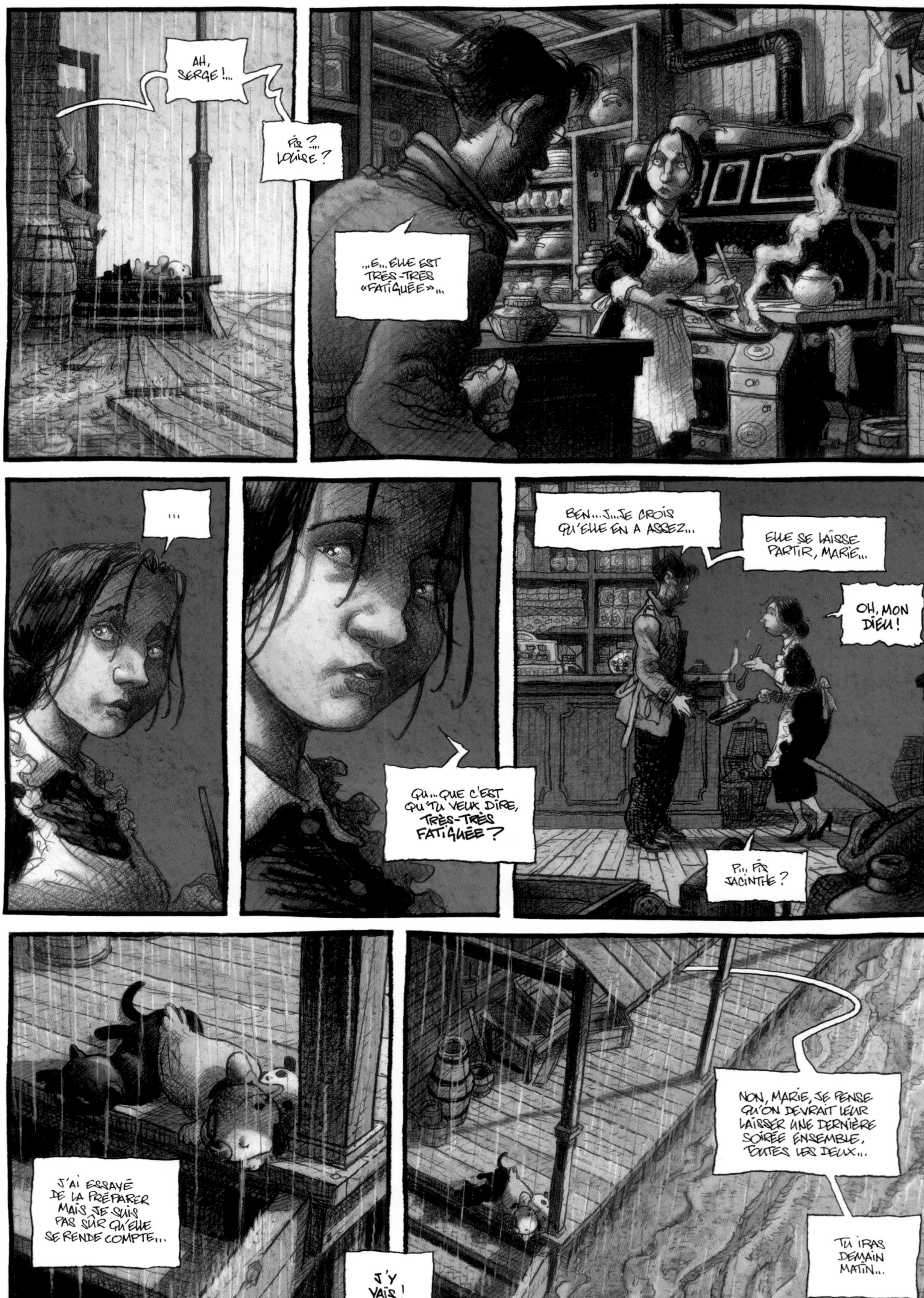

AH, SERGE !...
PIS ?... LOUISE ?
...E... ELLE EST TRÈS-TRÈS «FATIGUÉE»...
...
QU... QUE C'EST QU'TU VEUX DIRE, TRÈS-TRÈS FATIGUÉE ?
BEN... J... JE CROIS QU'ELLE EN A ASSEZ...
ELLE SE LAISSE PARTIR, MARIE...
OH, MON DIEU !
P... PIS JACINTHE ?
J'AI ESSAYÉ DE LA PRÉPARER MAIS JE SUIS PAS SÛR QU'ELLE SE RENDE COMPTE...
J'Y VAIS !
NON, MARIE, JE PENSE QU'ON DEVRAIT LEUR LAISSER UNE DERNIÈRE SOIRÉE ENSEMBLE, TOUTES LES DEUX...
TU IRAS DEMAIN MATIN...

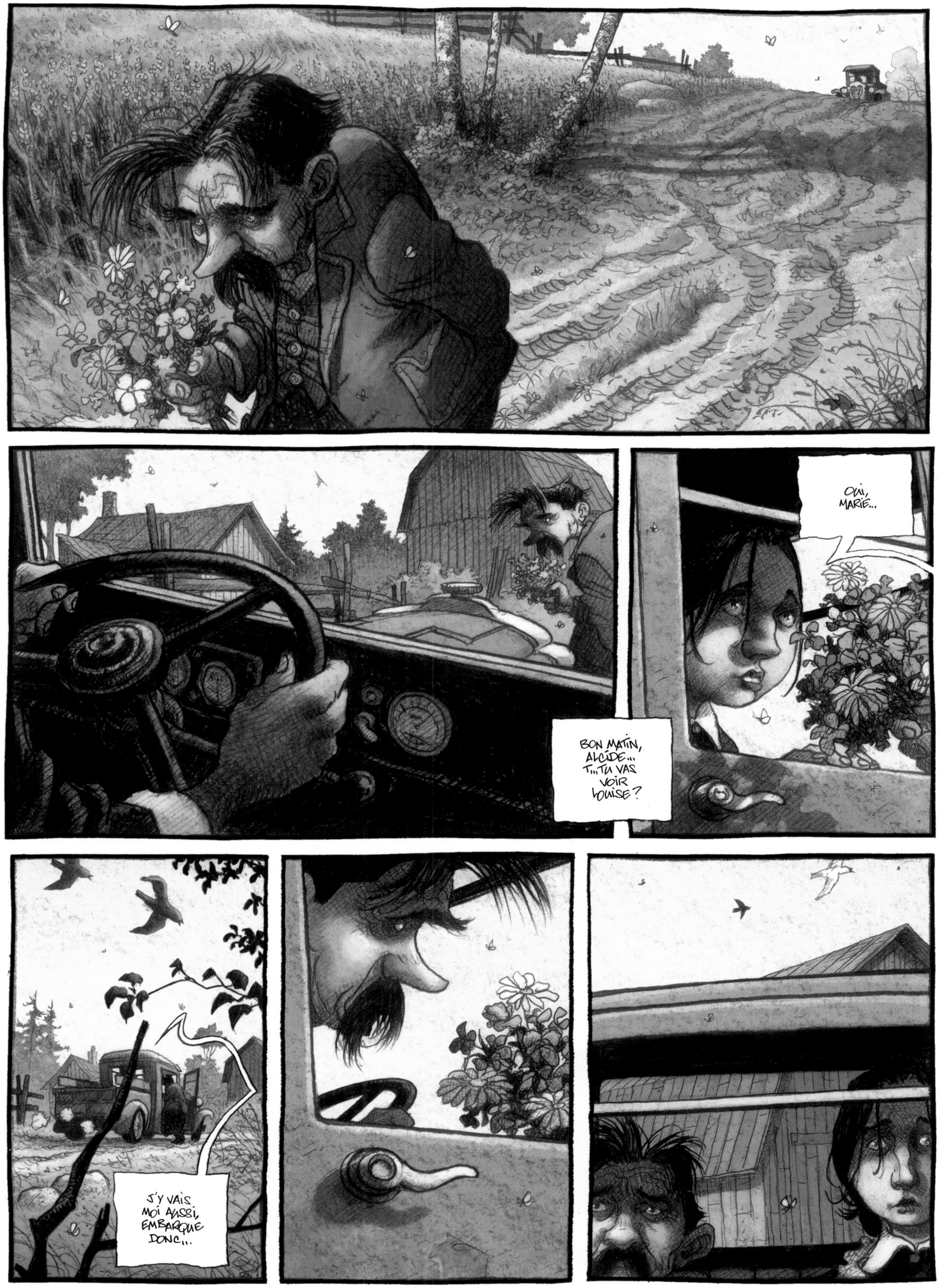
Oui, Marie...
Bon matin, Alcide... T... tu vas voir Louise ?
J'y vais moi aussi, embarque donc...

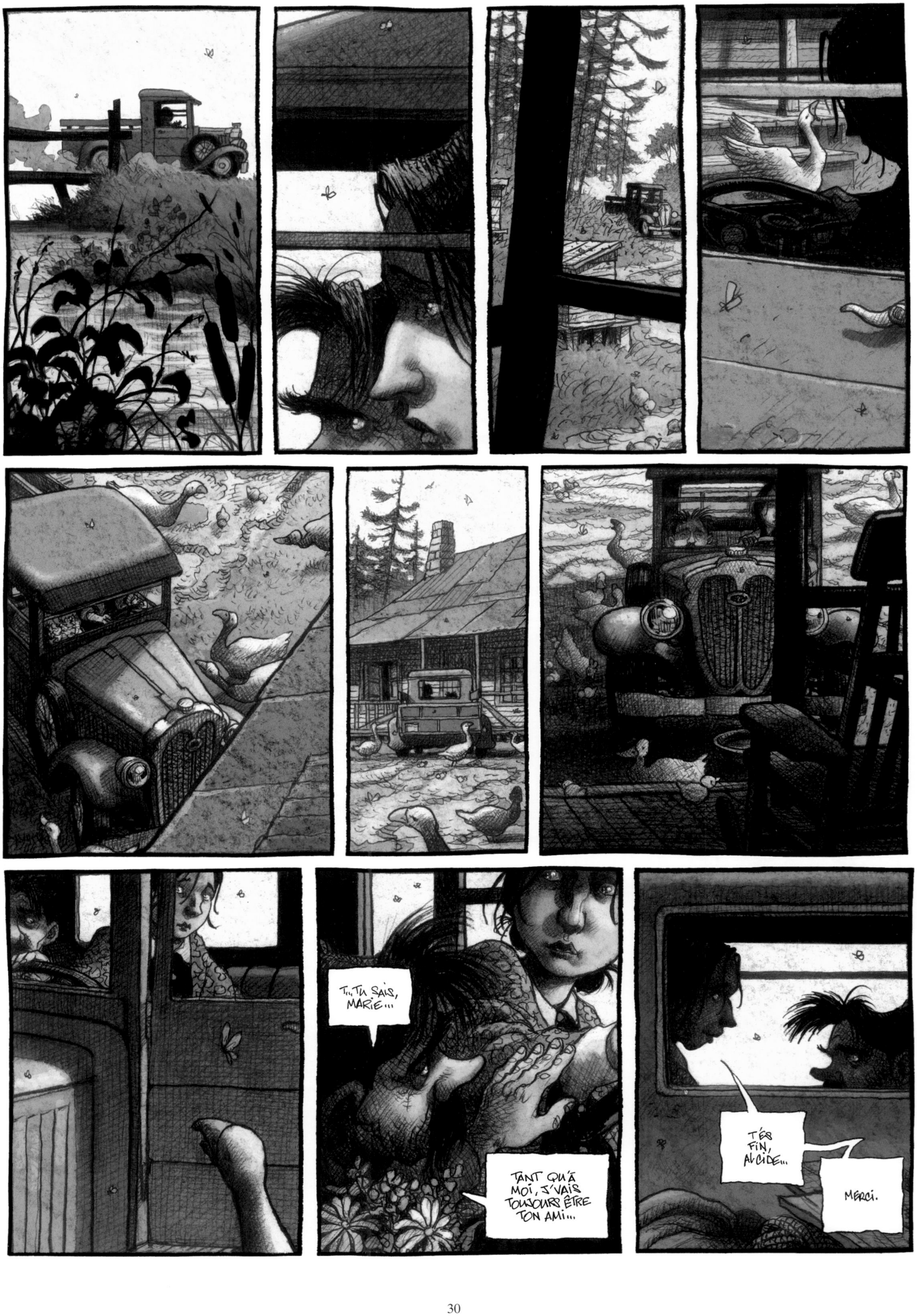
T... TU SAIS, MARIE...
TANT QU'À MOI, J'VAIS TOUJOURS ÊTRE TON AMI...
T'ES FIN, ALCIDE...
MERCI.

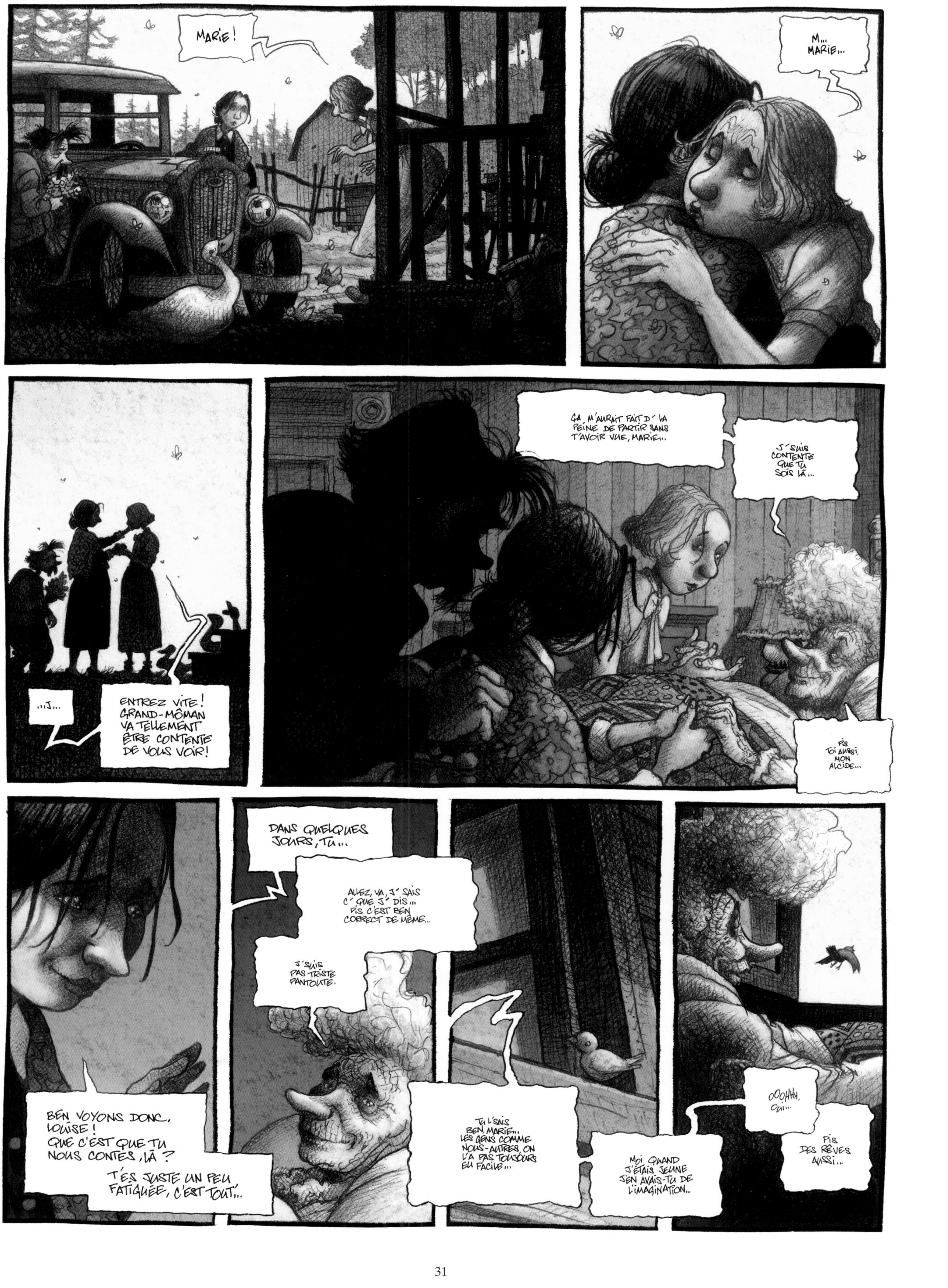
MARIE !
M... MARIE...
...J...
ENTREZ VITE ! GRAND-MÔMAN VA TELLEMENT ÊTRE CONTENTE DE VOUS VOIR !
ÇA M'AURAIT FAIT D' LA PEINE DE PARTIR SANS T'AVOIR VUE, MARIE...
J'SUIS CONTENTE QUE TU SOIS LÀ...
PIS TOI AUSSI, MON ALCIDE...
BEN VOYONS DONC, LOUISE ! QUE C'EST QUE TU NOUS CONTES, LÀ ?
T'ES JUSTE UN PEU FATIGUÉE, C'EST TOUT...
DANS QUELQUES JOURS, TU...
ALLEZ, VA, J' SAIS C' QUE J' DIS... PIS C'EST BEN CORRECT DE MÊME...
J'SUIS PAS TRISTE PANTOUTE.
TU L'SAIS BEN, MARIE... LES GENS COMME NOUS-AUTRES, ON L'A PAS TOUJOURS EU FACILE...
MOI QUAND J'ÉTAIS JEUNE J'EN AVAIS-TU DE L'IMAGINATION...
OOOHHH, OUI...
PIS DES RÊVES AUSSI...

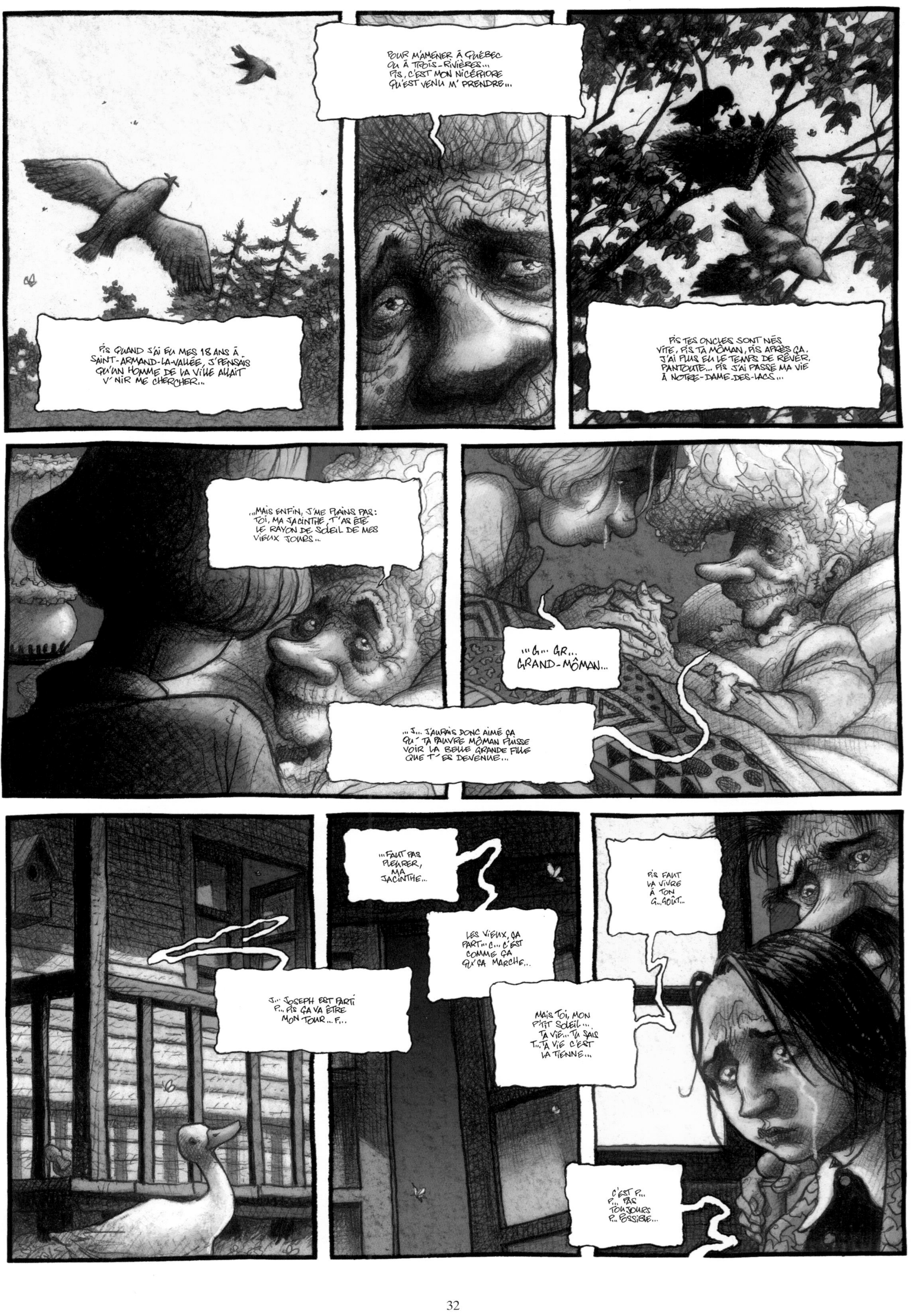
PIS QUAND J'AI EU MES 18 ANS À SAINT-ARMAND-LA-VALLÉE, J'PENSAIS QU'UN HOMME DE LA VILLE ALLAIT V'NIR ME CHERCHER...
POUR M'AMENER À QUÉBEC OU À TROIS-RIVIÈRES... PIS, C'EST MON NICÉPHORE QU'EST VENU M' PRENDRE...
PIS TES ONCLES SONT NÉS VITE, PIS TA MÔMAN, PIS APRÈS ÇA, J'AI PLUS EU LE TEMPS DE RÊVER, PANTOUTE... PIS J'AI PASSÉ MA VIE À NOTRE-DAME-DES-LACS...
...MAIS ENFIN, J'ME PLAINS PAS: TOI, MA JACINTHE, T'AS ÉTÉ LE RAYON DE SOLEIL DE MES VIEUX JOURS...
...G... GR... GRAND-MÔMAN...
...J... J'AURAIS DONC AIMÉ ÇA QU' TA PAUVRE MÔMAN PUISSE VOIR LA BELLE GRANDE FILLE QUE T'ES DEVENUE...
J... JOSEPH EST PARTI P... PIS ÇA VA ÊTRE MON TOUR... F...
...FAUT PAS PLEURER, MA JACINTHE...
LES VIEUX, ÇA PART... C... C'EST COMME ÇA QU'ÇA MARCHE...
MAIS TOI, MON P'TIT SOLEIL... TA VIE... TU SAIS T... TA VIE C'EST LA TIENNE...
PIS FAUT LA VIVRE À TON G... GOÛT...
C'EST P... P... PAS TOUJOURS P... POSSIBLE...

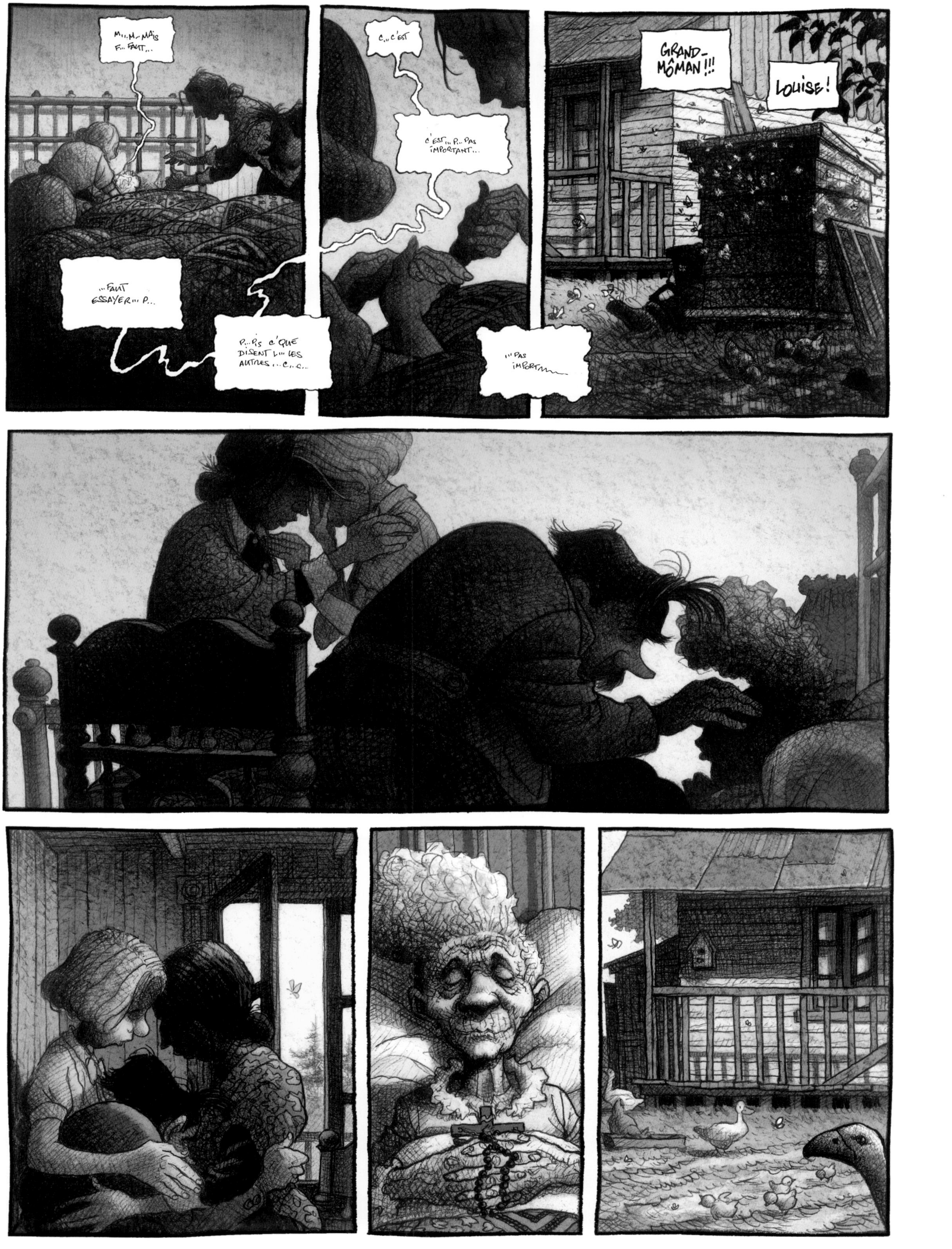
M... M-MAIS F... FAUT...
...FAUT ESSAYER... P...
P... PIS C'QUE DISENT L... LES AUTRES... C... C...
C... C'EST
C'EST... P... PAS IMPORTANT...
...PAS IMPORT
GRAND-MÔMAN!!!
LOUISE!

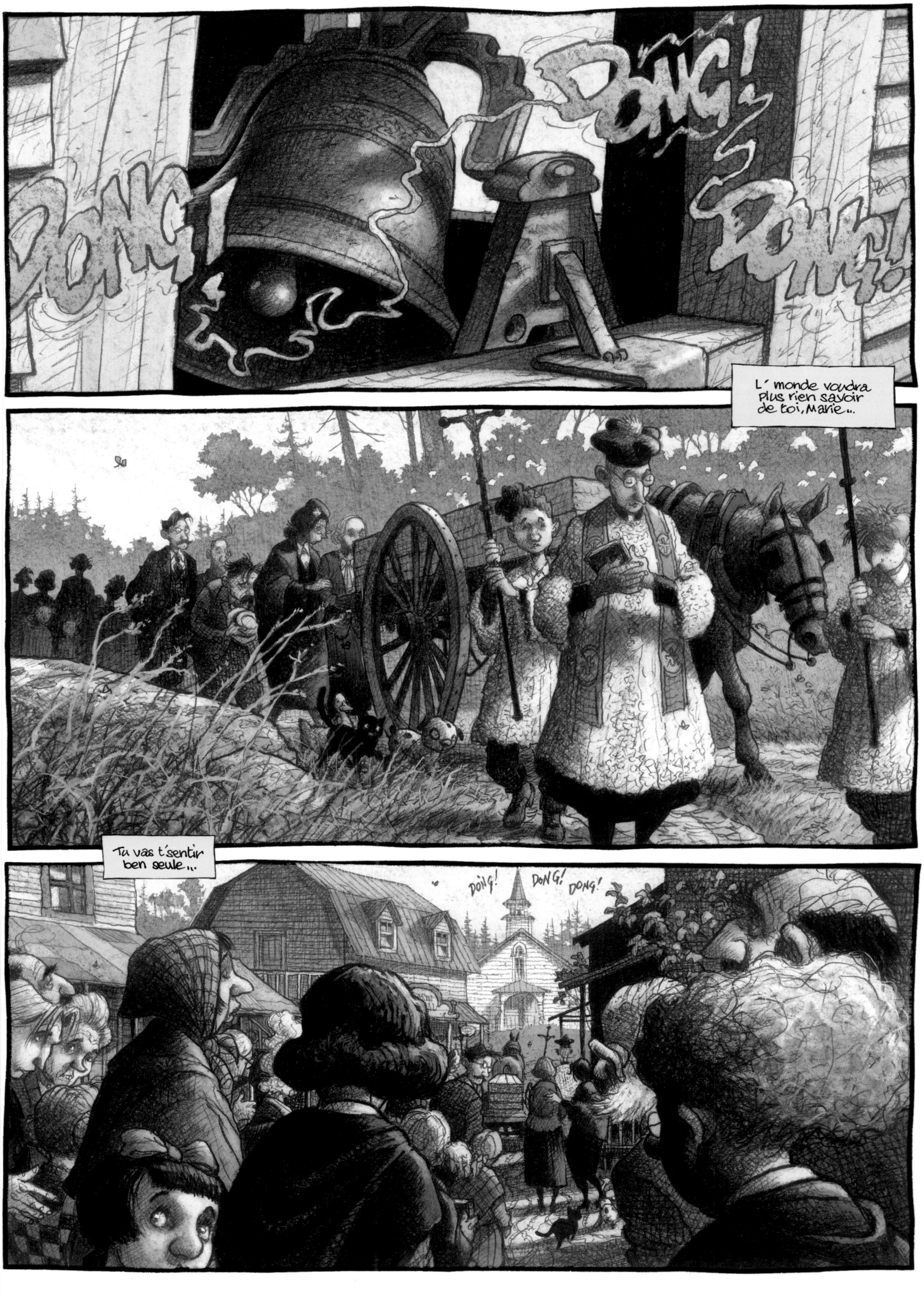
DONG!
DONG!
DONG!
L' monde voudra plus rien savoir de toi, Marie...
Tu vas t'sentir ben seule...
DONG! DONG! DONG!

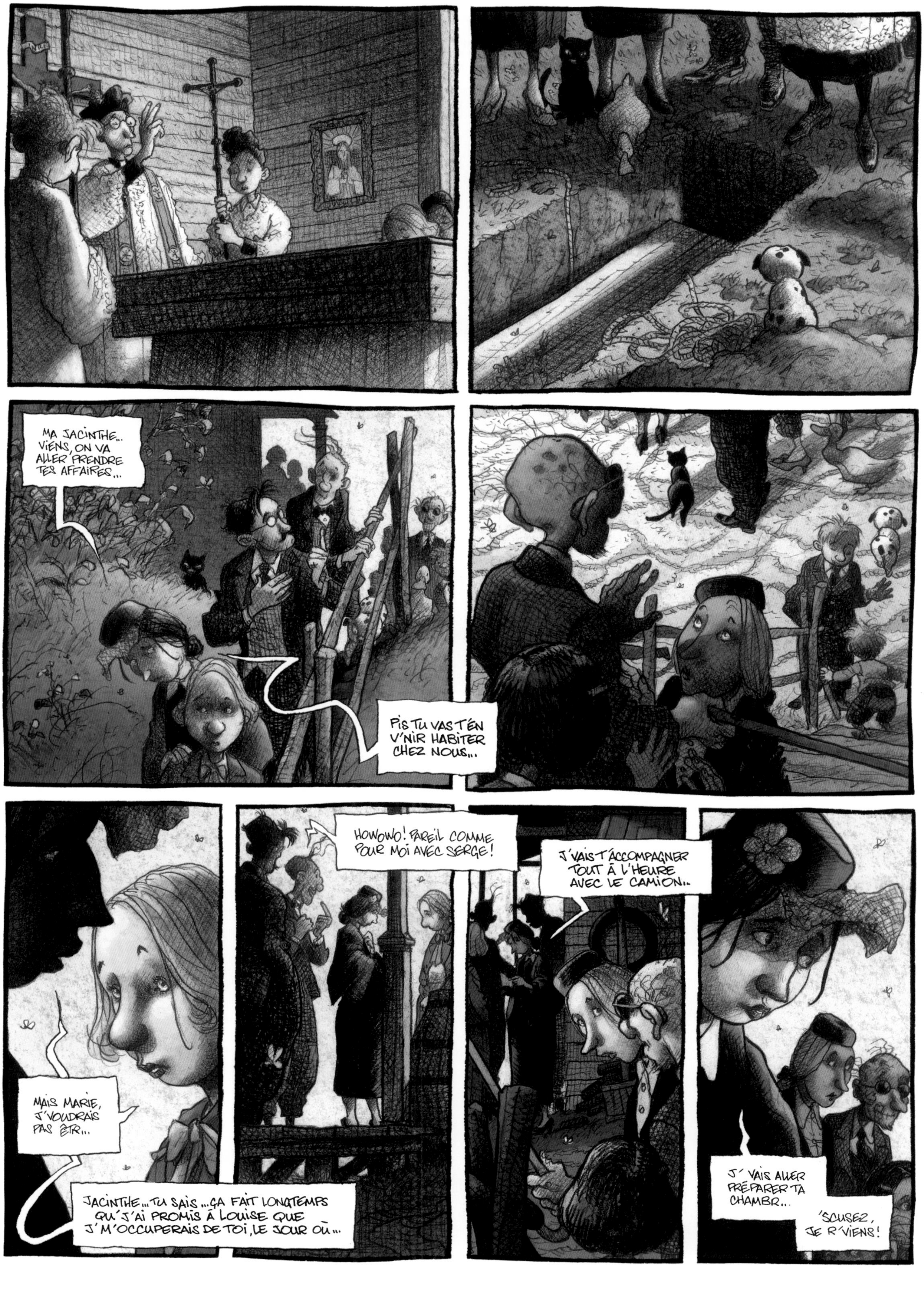
MA JACINTHE... VIENS, ON VA ALLER PRENDRE TES AFFAIRES...
PIS TU VAS T'EN V'NIR HABITER CHEZ NOUS...
MAIS MARIE, J'VOUDRAIS PAS ÊTR...
JACINTHE... TU SAIS... ÇA FAIT LONGTEMPS QU'J'AI PROMIS À LOUISE QUE J'M'OCCUPERAIS DE TOI, LE JOUR OÙ...
HOWOWO! PAREIL COMME POUR MOI AVEC SERGE!
J'VAIS T'ACCOMPAGNER TOUT À L'HEURE AVEC LE CAMION...
J' VAIS ALLER PRÉPARER TA CHAMBR...
'SCUSEZ, JE R'VIENS!

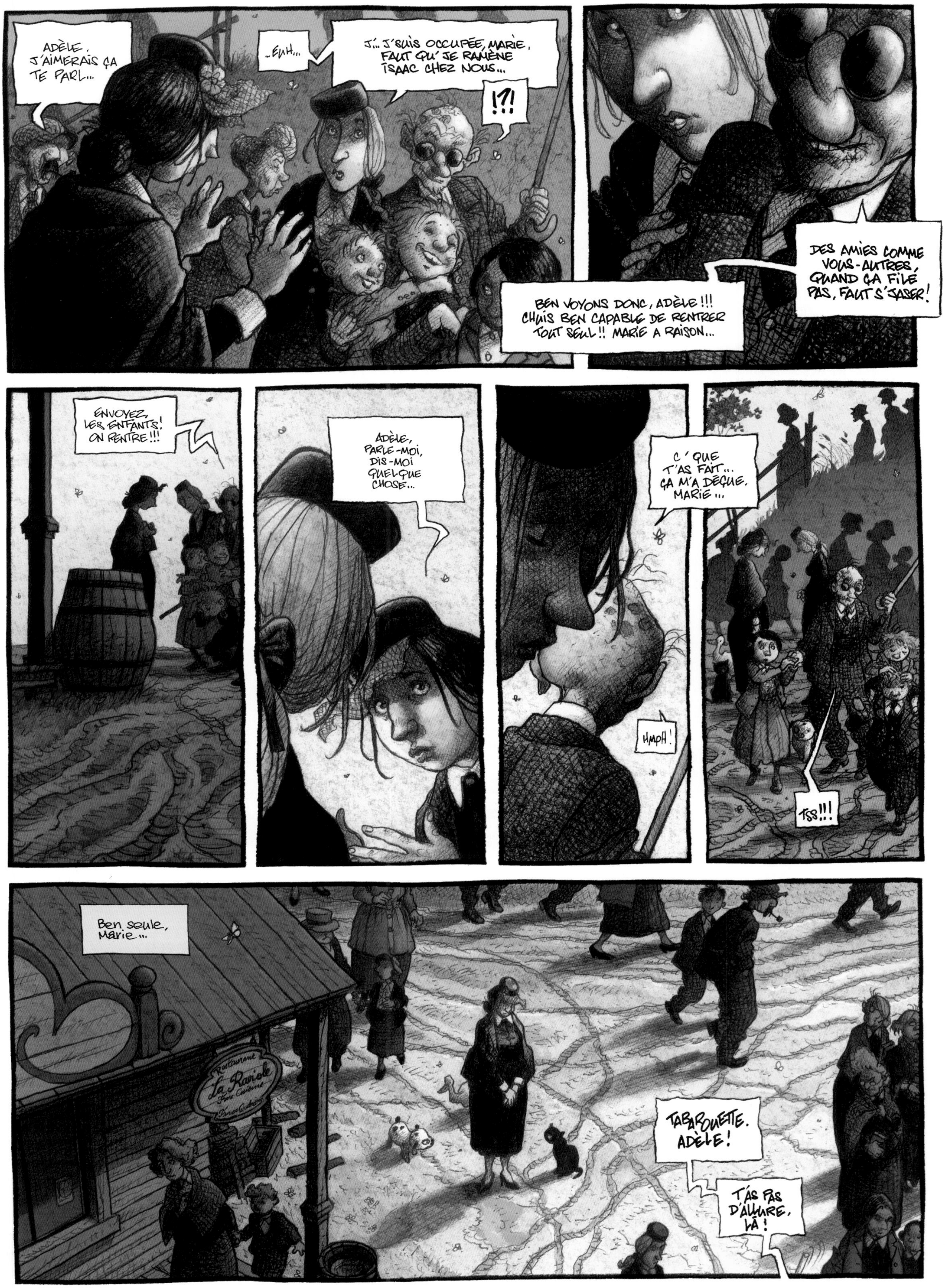
ADÈLE, J'AIMERAIS ÇA TE PARL...
...EUH...
J'... J'SUIS OCCUPÉE, MARIE, FAUT QU'JE RAMÈNE ISAAC CHEZ NOUS...
!?!
BEN VOYONS DONC, ADÈLE!!! CHUIS BEN CAPABLE DE RENTRER TOUT SEUL!! MARIE A RAISON...
DES AMIES COMME VOUS-AUTRES, QUAND ÇA FILE PAS, FAUT S'JASER!
ENVOYEZ, LES ENFANTS! ON RENTRE!!!
ADÈLE, PARLE-MOI, DIS-MOI QUELQUE CHOSE...
C'QUE T'AS FAIT... ÇA M'A DÉÇUE, MARIE...
HMPH!
TSS!!!
Ben seule, Marie...
TABAROUETTE. ADÈLE!
T'AS PAS D'ALLURE, LÀ!

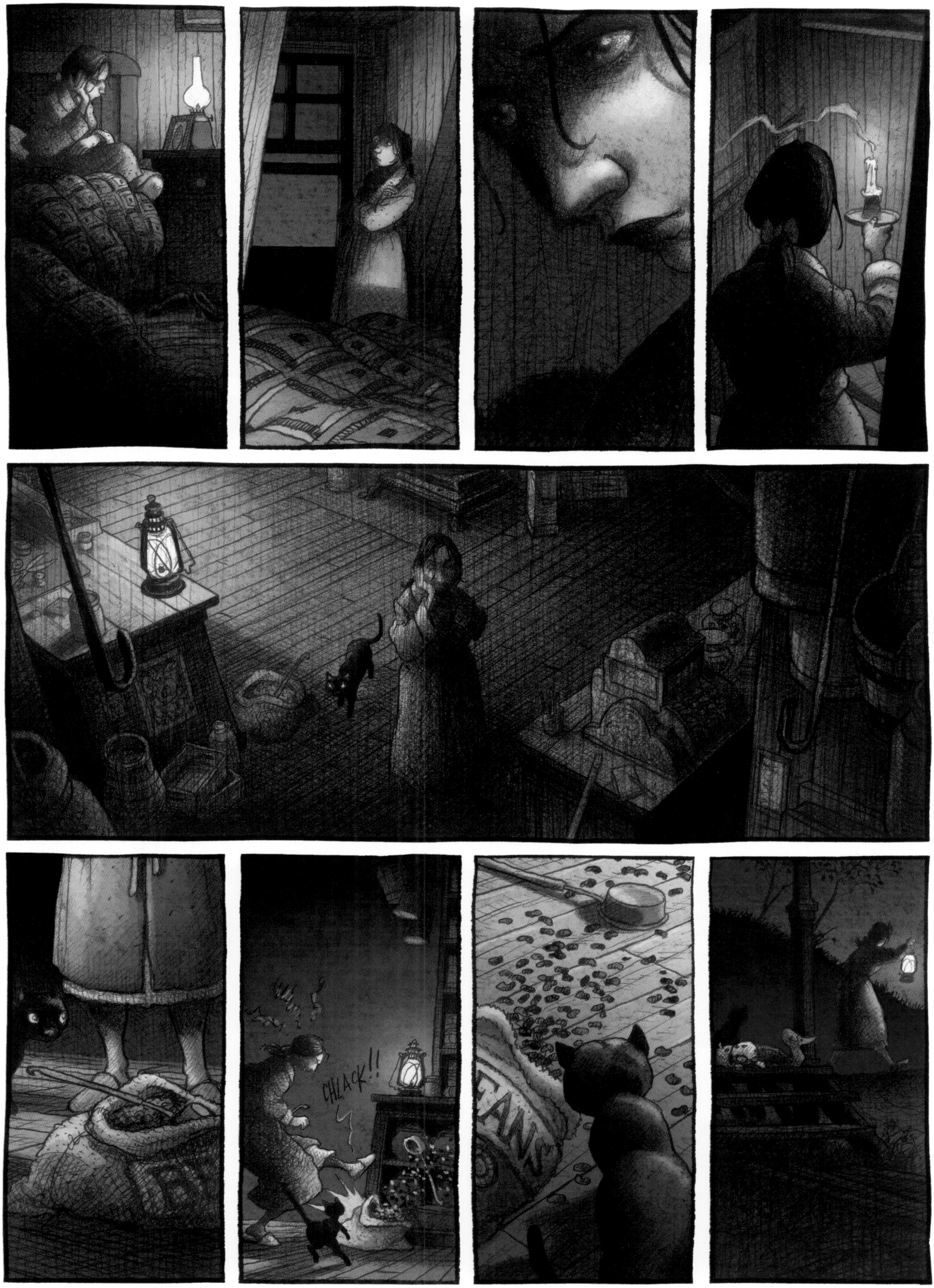
CHLACK!!

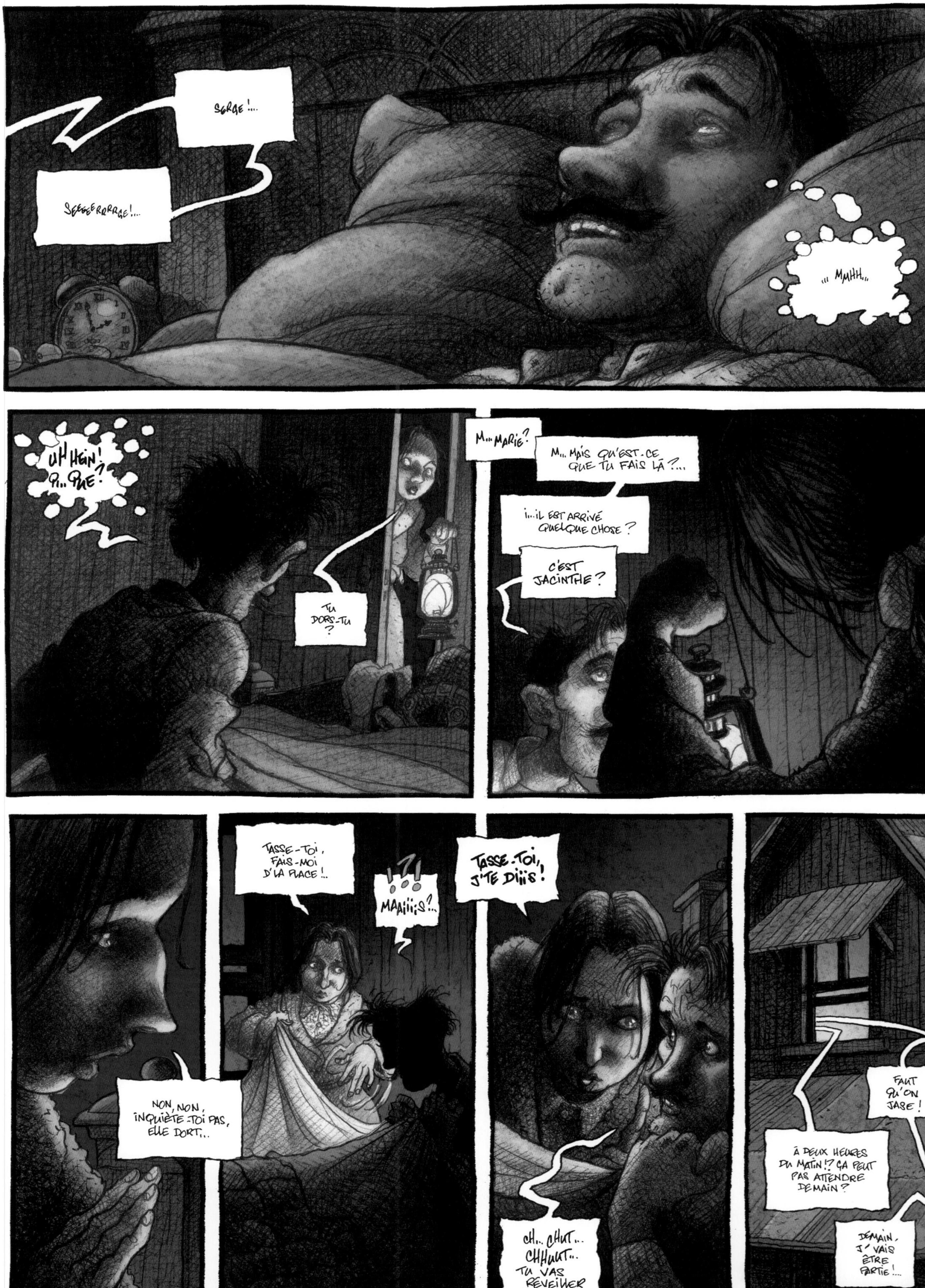
SERGE !...
SEEEERRRRGE !...
... MMHH...
UH HEIN ! Q... QUE ?
TU DORS-TU ?
M... MARIE ?
M... MAIS QU'EST-CE QUE TU FAIS LÀ ?...
I... IL EST ARRIVÉ QUELQUE CHOSE ?
C'EST JACINTHE ?
NON, NON, INQUIÈTE-TOI PAS, ELLE DORT...
TASSE-TOI, FAIS-MOI D'LA PLACE !..
MAAIIIS ?..
TASSE-TOI, J'TE DIIIS !
CH... CHUT... CHHUUT... TU VAS RÉVEILLER GAËTAN !
FAUT QU'ON JASE !
À DEUX HEURES DU MATIN !? ÇA PEUT PAS ATTENDRE DEMAIN ?
DEMAIN, J'VAIS ÊTRE PARTIE !...

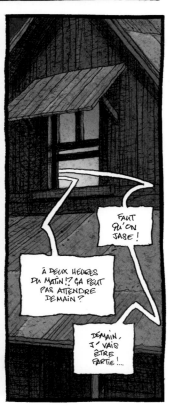

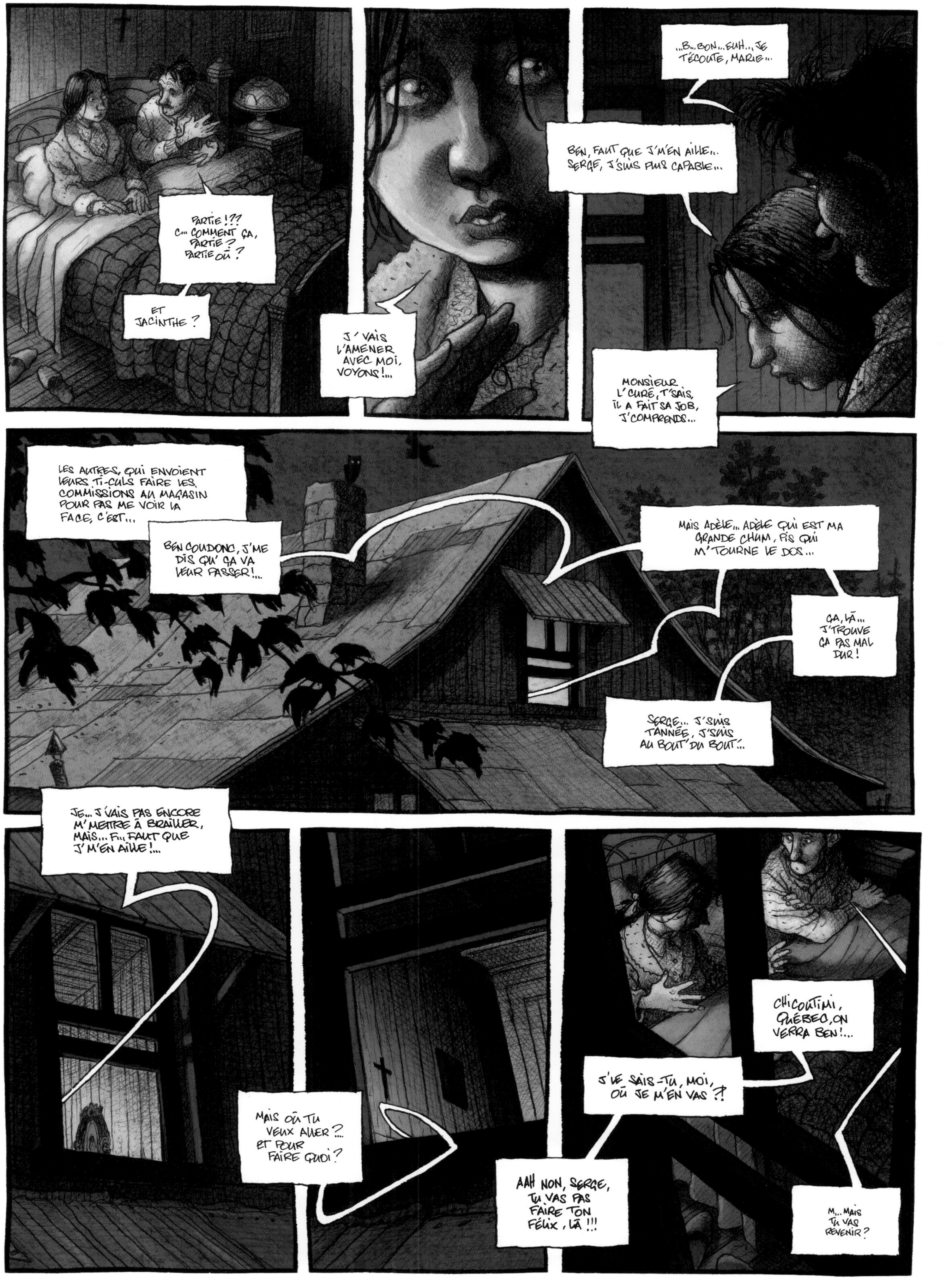
PARTIE !?? C... COMMENT ÇA, PARTIE ? PARTIE OÙ ?
ET JACINTHE ?
J'VAIS L'AMENER AVEC MOI, VOYONS !...
...B...BON...EUH..., JE T'ÉCOUTE, MARIE...
BEN, FAUT QUE J'M'EN AILLE... SERGE, J'SUIS PUS CAPABLE...
MONSIEUR L'CURÉ, T'SAIS, IL A FAIT SA JOB, J'COMPRENDS...
LES AUTRES, QUI ENVOIENT LEURS TI-CULS FAIRE LES COMMISSIONS AU MAGASIN POUR PAS ME VOIR LA FACE, C'EST...
BEN COUDONC, J'ME DIS QU'ÇA VA LEUR PASSER !...
MAIS ADÈLE... ADÈLE QUI EST MA GRANDE CHUM, PIS QUI M'TOURNE LE DOS...
ÇA, LÀ... J'TROUVE ÇA PAS MAL DUR !
SERGE... J'SUIS TANNÉE, J'SUIS AU BOUT DU BOUT...
JE... J'VAIS PAS ENCORE M'METTRE À BRAILLER, MAIS... F... FAUT QUE J'M'EN AILLE !...
MAIS OÙ TU VEUX ALLER ?... ET POUR FAIRE QUOI ?
AAH NON, SERGE, TU VAS PAS FAIRE TON FÉLIX, LÀ !!!
J'LE SAIS-TU, MOI, OÙ JE M'EN VAS ?!
CHICOUTIMI, QUÉBEC, ON VERRA BEN !...
M... MAIS TU VAS REVENIR ?

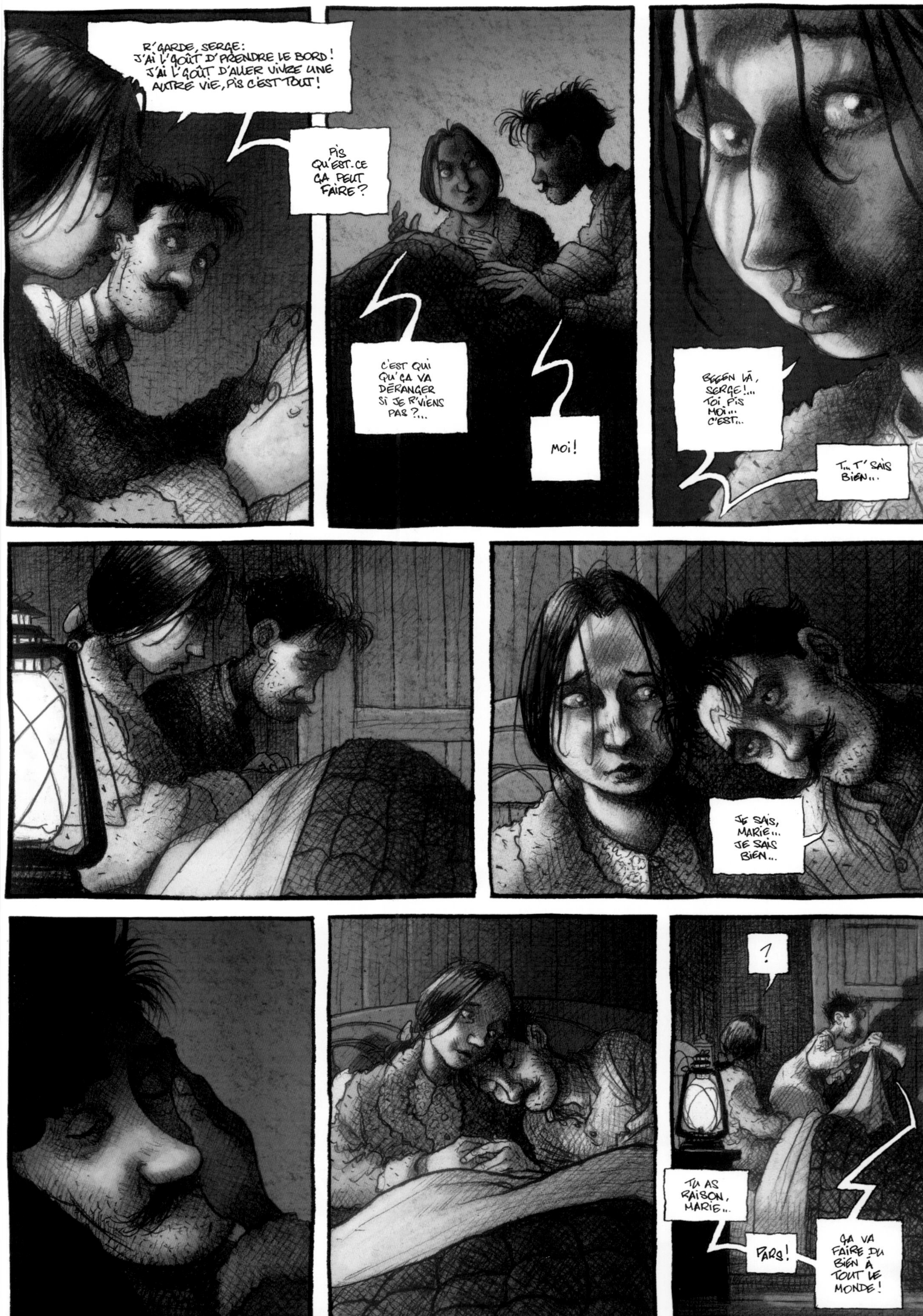
R'GARDE, SERGE: J'AI L'GOÛT D'PRENDRE LE BORD! J'AI L'GOÛT D'ALLER VIVRE UNE AUTRE VIE, PIS C'EST TOUT!
PIS QU'EST-CE ÇA PEUT FAIRE?
C'EST QUI QU'ÇA VA DÉRANGER SI JE R'VIENS PAS?...
MOI!
BEEEN LÀ, SERGE!... TOI PIS MOI... C'EST...
T... T' SAIS BIEN...
JE SAIS, MARIE... JE SAIS BIEN...
?
TU AS RAISON, MARIE...
PARS!
ÇA VA FAIRE DU BIEN À TOUT LE MONDE!

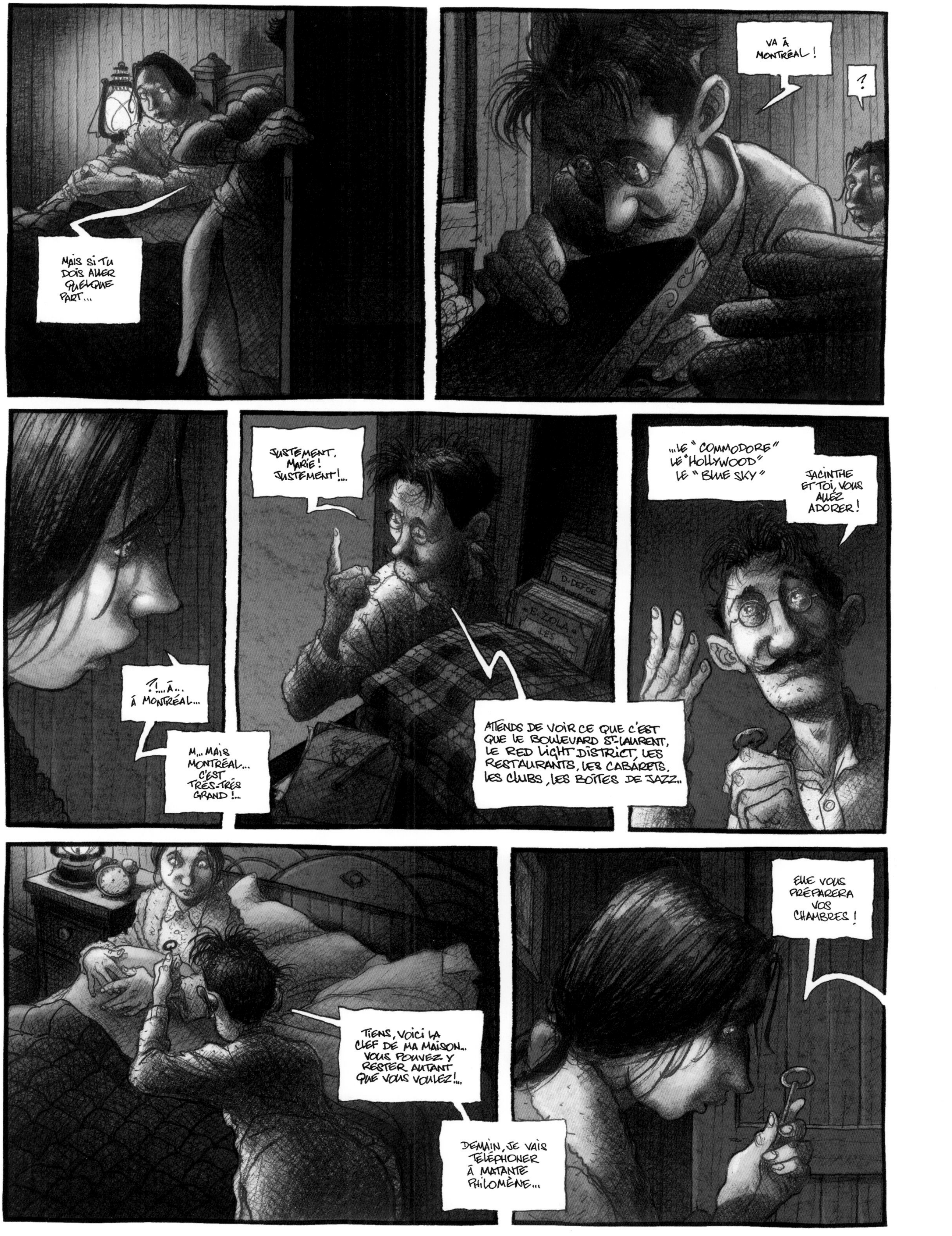
MAIS SI TU DOIS ALLER QUELQUE PART...
VA À MONTRÉAL !
?
?!...À... À MONTRÉAL...
M... MAIS MONTRÉAL... C'EST TRÈS-TRÈS GRAND !...
JUSTEMENT, MARIE ! JUSTEMENT !...
D. DEFOE
E. ZOLA
ATTENDS DE VOIR CE QUE C'EST QUE LE BOULEVARD ST-LAURENT, LE RED LIGHT DISTRICT, LES RESTAURANTS, LES CABARETS, LES CLUBS, LES BOÎTES DE JAZZ...
...LE "COMMODORE" LE "HOLLYWOOD" LE "BLUE SKY"
JACINTHE ET TOI, VOUS ALLEZ ADORER !
TIENS, VOICI LA CLEF DE MA MAISON... VOUS POUVEZ Y RESTER AUTANT QUE VOUS VOULEZ !...
DEMAIN, JE VAIS TÉLÉPHONER À MATANTE PHILOMÈNE...
ELLE VOUS PRÉPARERA VOS CHAMBRES !

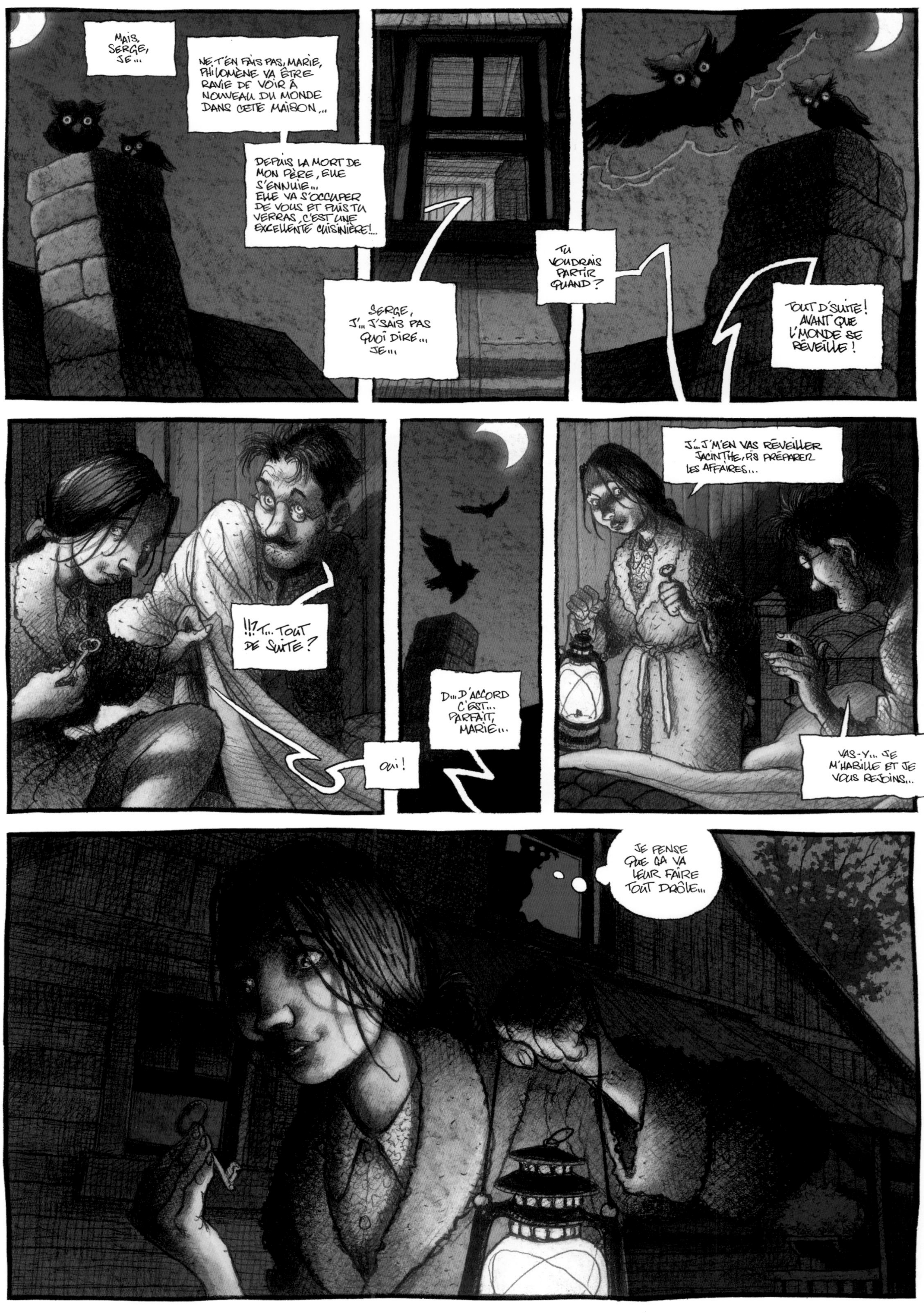
MAIS, SERGE, JE...
NE T'EN FAIS PAS, MARIE, PHILOMÈNE VA ÊTRE RAVIE DE VOIR À NOUVEAU DU MONDE DANS CETE MAISON...
DEPUIS LA MORT DE MON PÈRE, ELLE S'ENNUIE... ELLE VA S'OCCUPER DE VOUS ET PUIS TU VERRAS, C'EST UNE EXCELLENTE CUISINIÈRE!...
SERGE, J'... J'SAIS PAS QUOI DIRE... JE...
TU VOUDRAIS PARTIR QUAND?
TOUT D'SUITE! AVANT QUE L'MONDE SE RÉVEILLE!
!!?T... TOUT DE SUITE?
OUI!
D... D'ACCORD C'EST... PARFAIT, MARIE...
J'... J'M'EN VAS RÉVEILLER JACINTHE, PIS PRÉPARER LES AFFAIRES...
VAS-Y... JE M'HABILLE ET JE VOUS REJOINS...
JE PENSE QUE ÇA VA LEUR FAIRE TOUT DRÔLE...

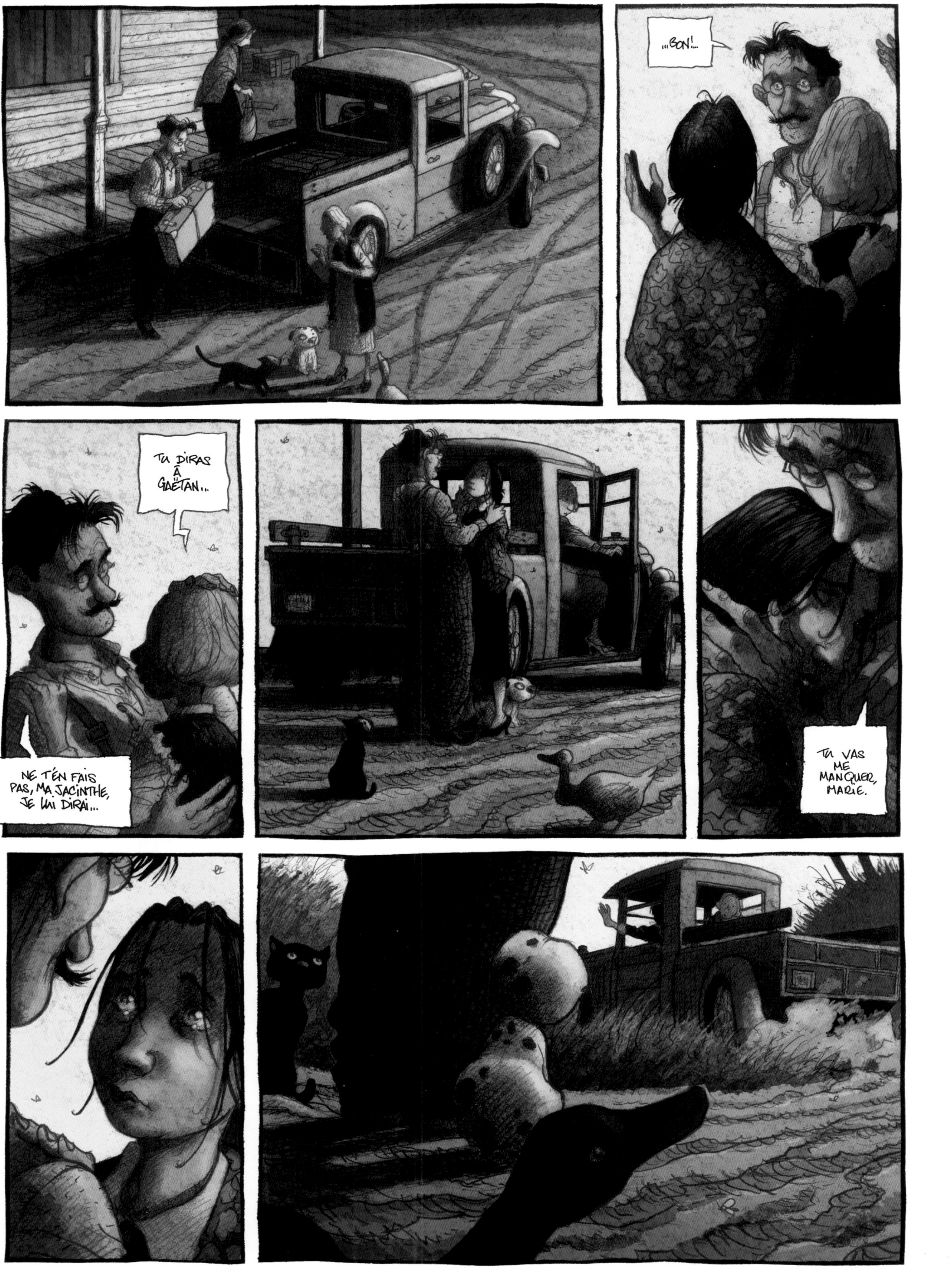
...BON!...
TU DIRAS À GAËTAN...
NE T'EN FAIS PAS, MA JACINTHE, JE LUI DIRAI...
TU VAS ME MANQUER, MARIE.

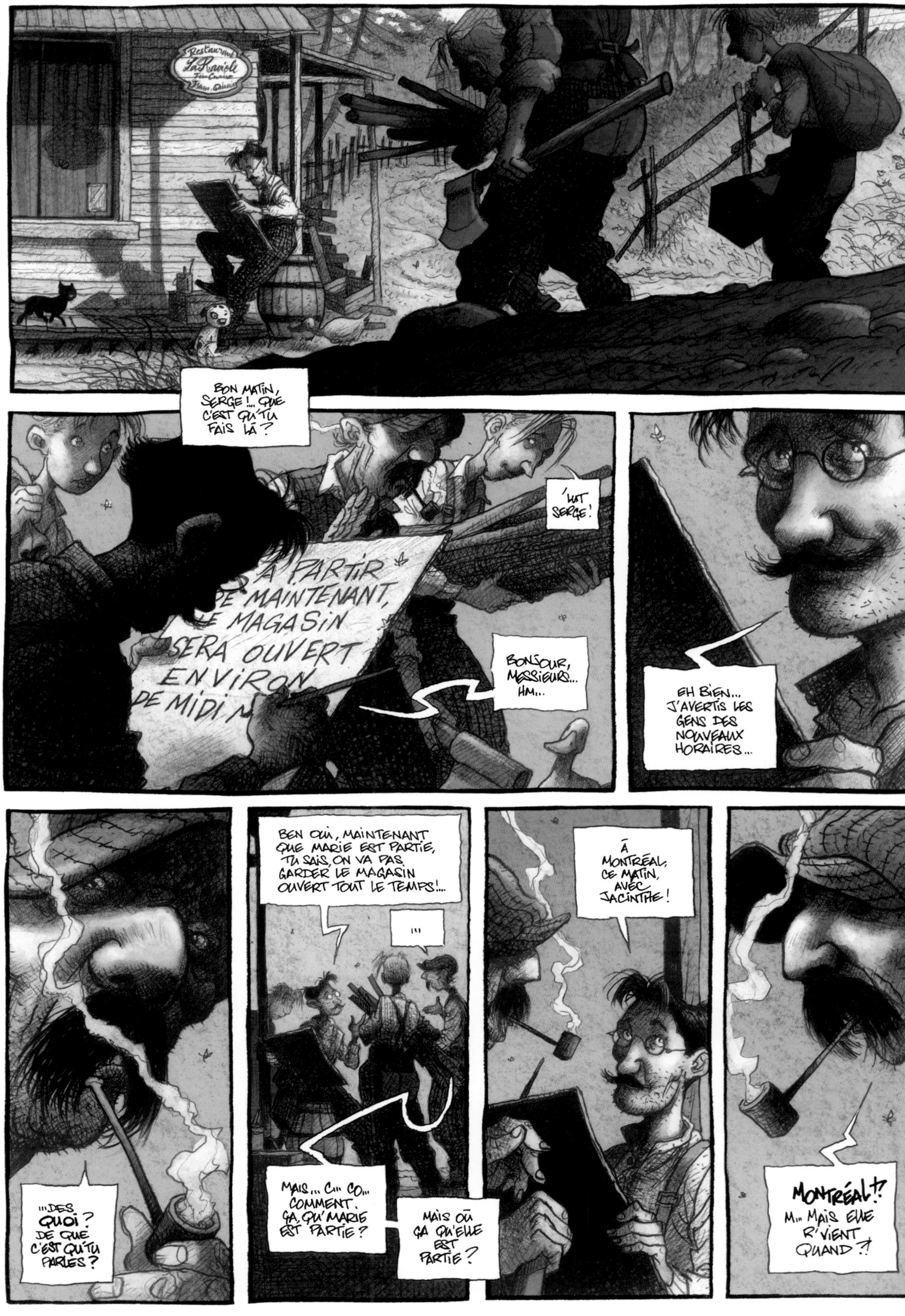
BON MATIN, SERGE !... QUE C'EST QU'TU FAIS LÀ ?
À PARTIR
E MAINTENANT,
E MAGASIN
SERA OUVERT
ENVIRON
DE MIDI
'LUT SERGE !
BONJOUR, MESSIEURS... HM...
EH BIEN... J'AVERTIS LES GENS DES NOUVEAUX HORAIRES...
...DES QUOI ? DE QUE C'EST QU'TU PARLES ?
BEN OUI, MAINTENANT QUE MARIE EST PARTIE, TU SAIS, ON VA PAS GARDER LE MAGASIN OUVERT TOUT LE TEMPS !...
!!!
MAIS... C... CO... COMMENT, ÇA, QU'MARIE EST PARTIE ?
MAIS OÙ ÇA QU'ELLE EST PARTIE ?
À MONTRÉAL, CE MATIN, AVEC JACINTHE !
MONTRÉAL !?
M... MAIS ELLE R'VIENT QUAND ?!

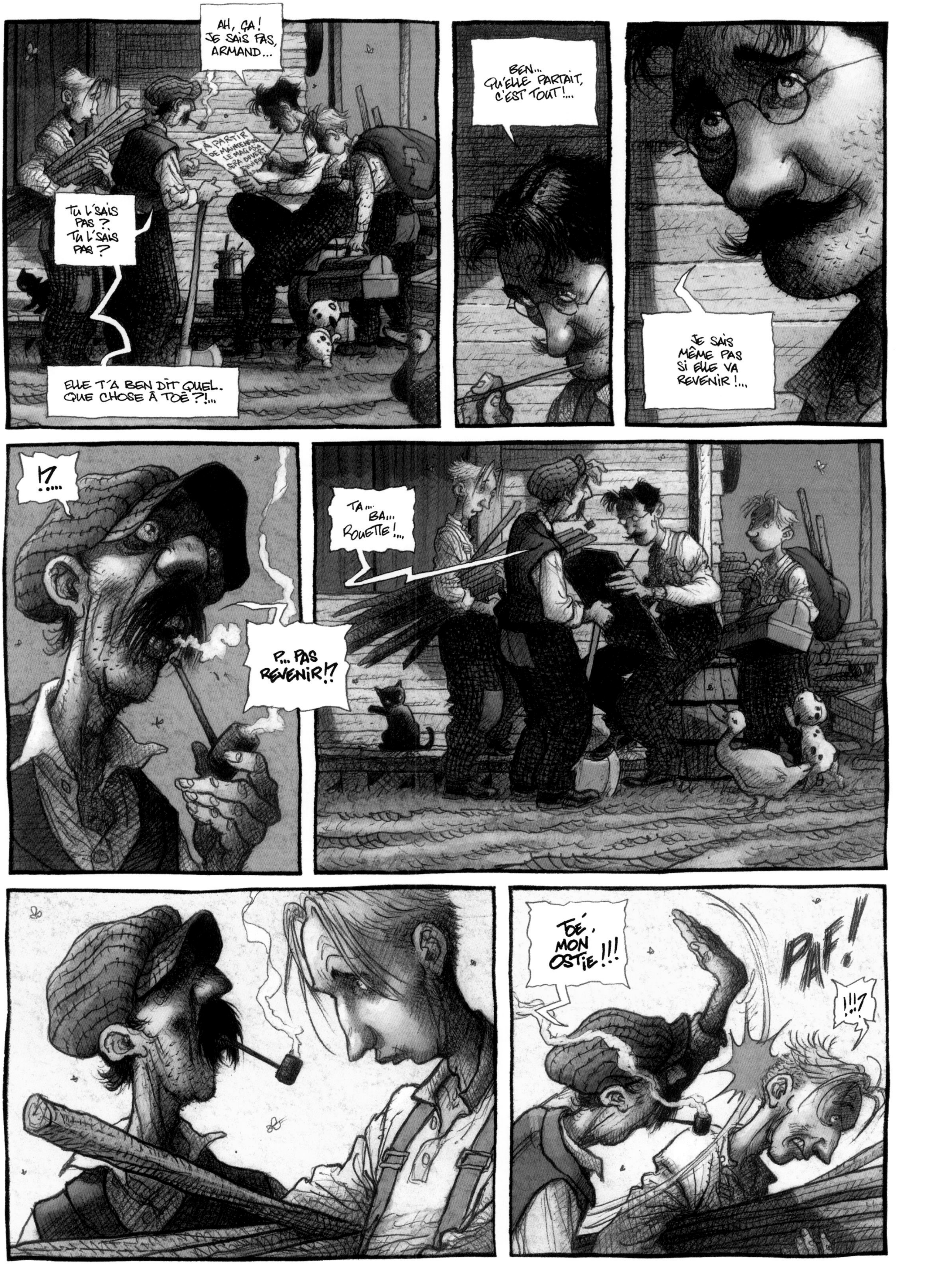
AH, ÇA ! JE SAIS PAS, ARMAND...
TU L'SAIS PAS ? TU L'SAIS PAS ?
ELLE T'A BEN DIT QUELQUE CHOSE À TOÉ ?!...
BEN... QU'ELLE PARTAIT, C'EST TOUT !...
JE SAIS MÊME PAS SI ELLE VA REVENIR !...
!?....
P... PAS REVENIR !?
TA... BA... ROUETTE !...
TOÉ, MON OSTIE !!!
PAF !
!!!?

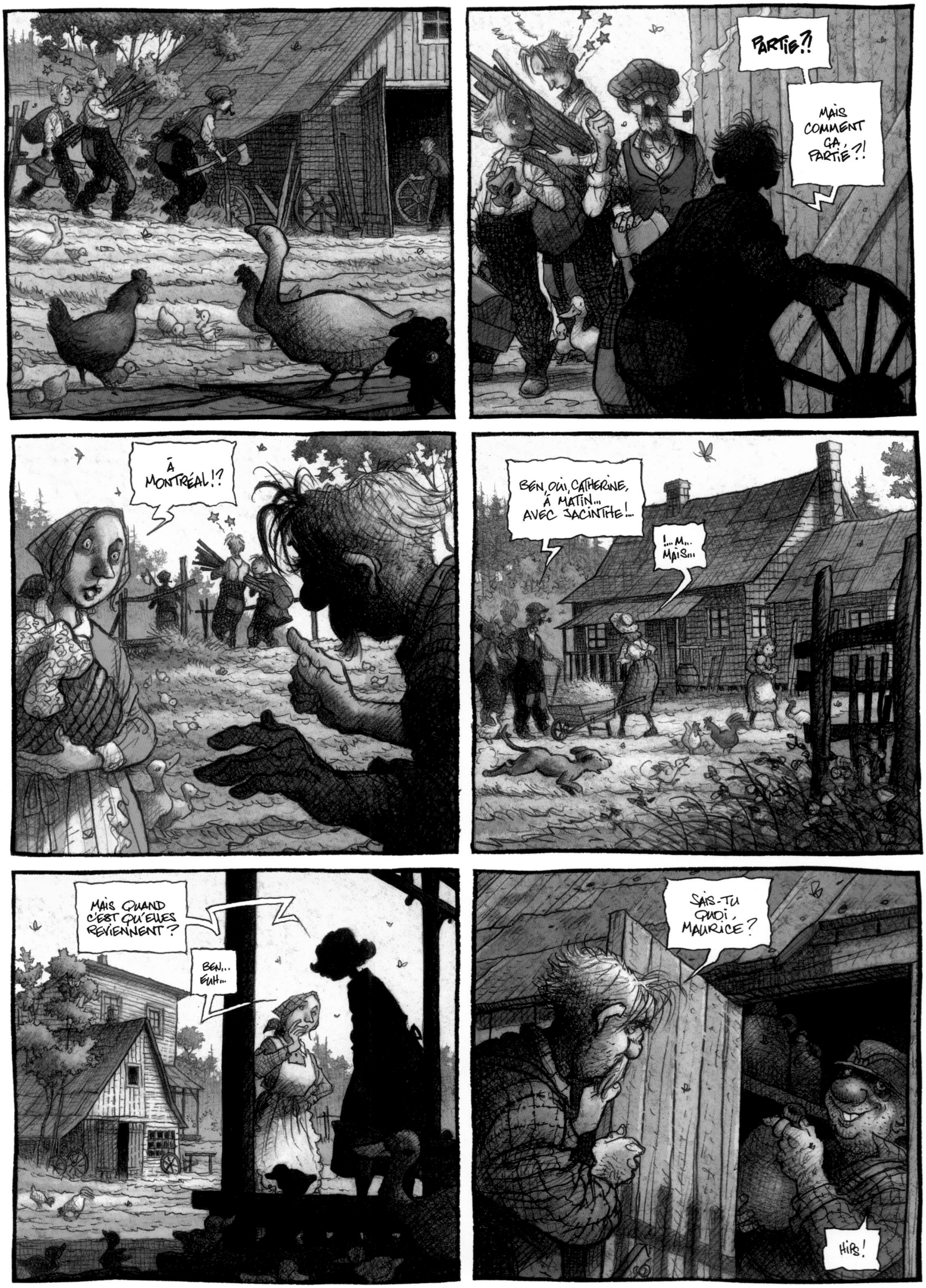
PARTIE?!
MAIS COMMENT ÇA, PARTIE?!
À MONTRÉAL!?
BEN, OUI, CATHERINE, À MATIN... AVEC JACINTHE!...
!... M... MAIS...
MAIS QUAND C'EST QU'ELLES REVIENNENT?
BEN... EUH...
SAIS-TU QUOI, MAURICE?
HIPS!

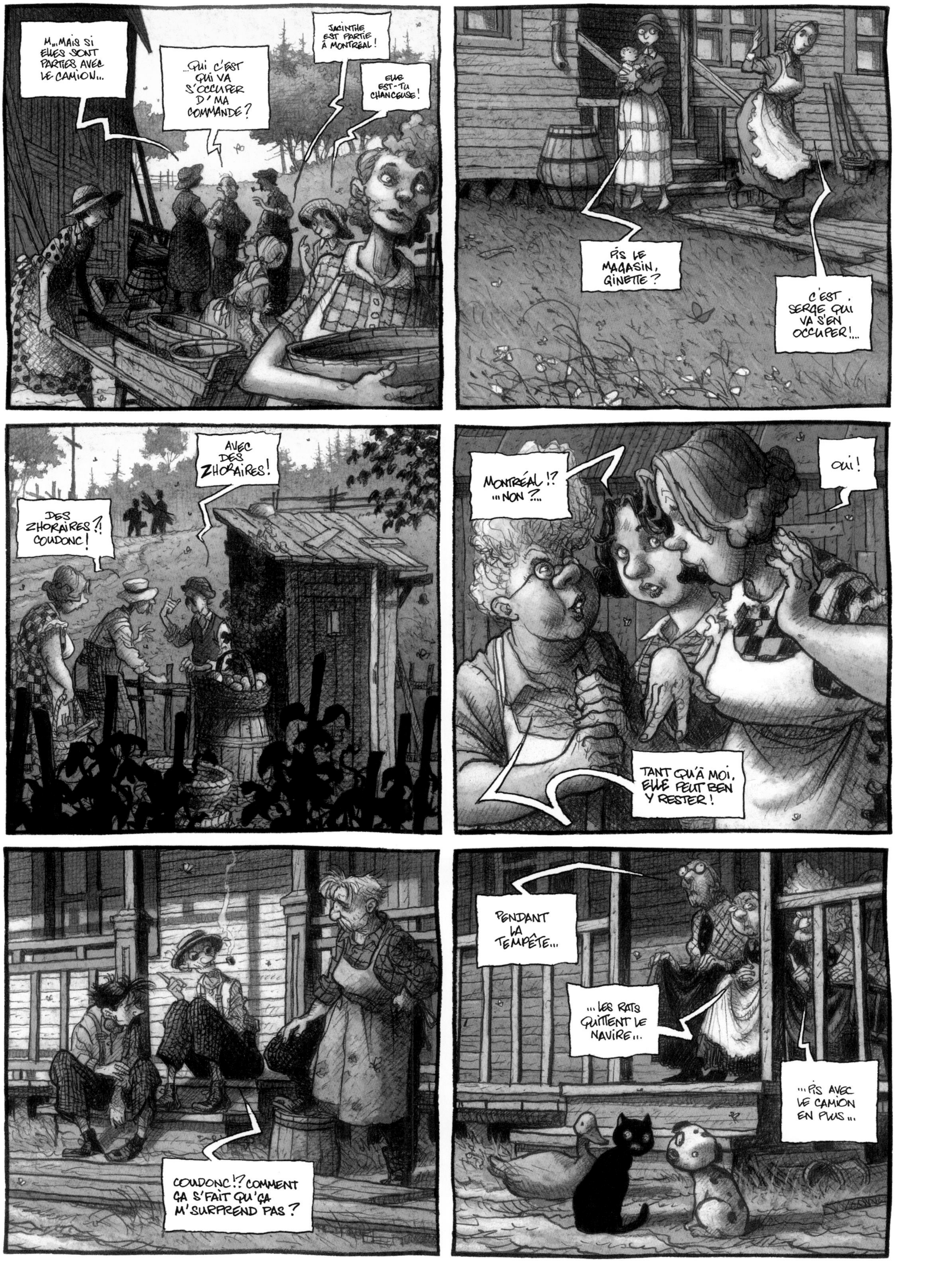
M... MAIS SI ELLES SONT PARTIES AVEC LE CAMION...
...QUI C'EST QUI VA S'OCCUPER D'MA COMMANDE ?
JACINTHE EST PARTIE À MONTRÉAL !
ELLE EST-TU CHANCEUSE !
PIS LE MAGASIN, GINETTE ?
C'EST SERGE QUI VA S'EN OCCUPER !...
AVEC DES ZHORAIRES !
DES ZHORAIRES ?! COUDONC !
MONTRÉAL !? ...NON ?...
OUI !
TANT QU'À MOI, ELLE PEUT BEN Y RESTER !
COUDONC !? COMMENT ÇA S'FAIT QU'ÇA M'SURPREND PAS ?
PENDANT LA TEMPÊTE...
...LES RATS QUITTENT LE NAVIRE...
...PIS AVEC LE CAMION EN PLUS...

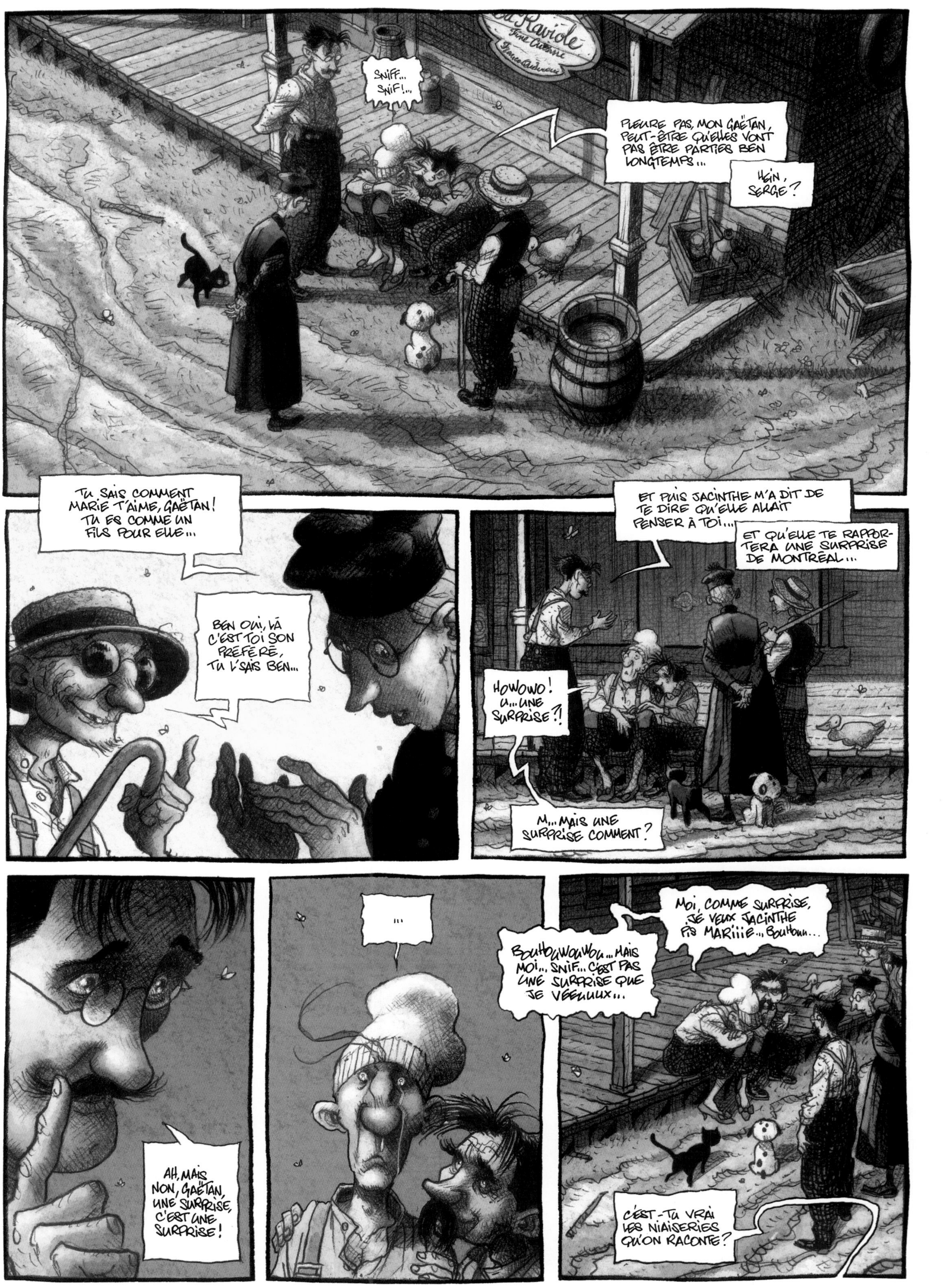
SNIFF... SNIF!...
PLEURE PAS, MON GAËTAN, PEUT-ÊTRE QU'ELLES VONT PAS ÊTRE PARTIES BEN LONGTEMPS...
HEIN, SERGE ?
TU SAIS COMMENT MARIE T'AIME, GAËTAN ! TU ES COMME UN FILS POUR ELLE...
BEN OUI, LÀ C'EST TOI SON PRÉFÉRÉ, TU L'SAIS BEN...
ET PUIS JACINTHE M'A DIT DE TE DIRE QU'ELLE ALLAIT PENSER À TOI...
ET QU'ELLE TE RAPPORTERA UNE SURPRISE DE MONTRÉAL...
HOWOWO ! U... UNE SURPRISE ?!
M... MAIS UNE SURPRISE COMMENT ?
AH, MAIS NON, GAËTAN, UNE SURPRISE, C'EST UNE SURPRISE !
...
BOUHOUWOUWOU... MAIS MOI... SNIF... C'EST PAS UNE SURPRISE QUE JE VÉÉUUUX...
MOI, COMME SURPRISE, JE VEUX JACINTHE PIS MARIIIE... BOUHOUU...
C'EST-TU VRAI LES NIAISERIES QU'ON RACONTE ?

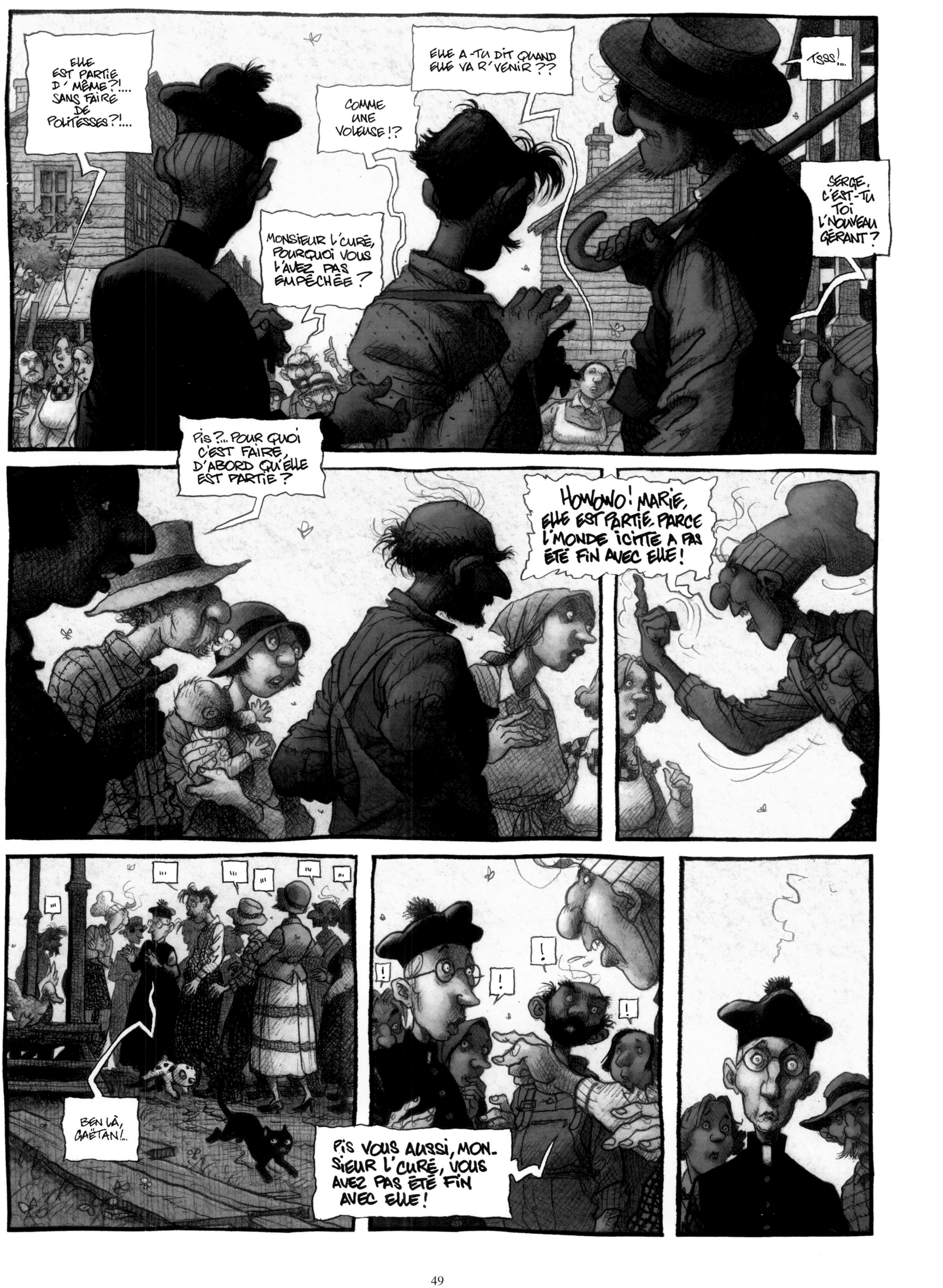
ELLE EST PARTIE D'MÊME?!... SANS FAIRE DE POLITESSES?!...
COMME UNE VOLEUSE!?
ELLE A-TU DIT QUAND ELLE VA R'VENIR??
TSSS!...
MONSIEUR L'CURÉ, POURQUOI VOUS L'AVEZ PAS EMPÊCHÉE?
SERGE, C'EST-TU TOI L'NOUVEAU GÉRANT?
PIS?... POUR QUOI C'EST FAIRE, D'ABORD QU'ELLE EST PARTIE?
HOWOWO! MARIE, ELLE EST PARTIE PARCE L'MONDE ICITTE A PAS ÉTÉ FIN AVEC ELLE!
BEN LÀ, GAËTAN!...
PIS VOUS AUSSI, MONSIEUR L'CURÉ, VOUS AVEZ PAS ÉTÉ FIN AVEC ELLE!

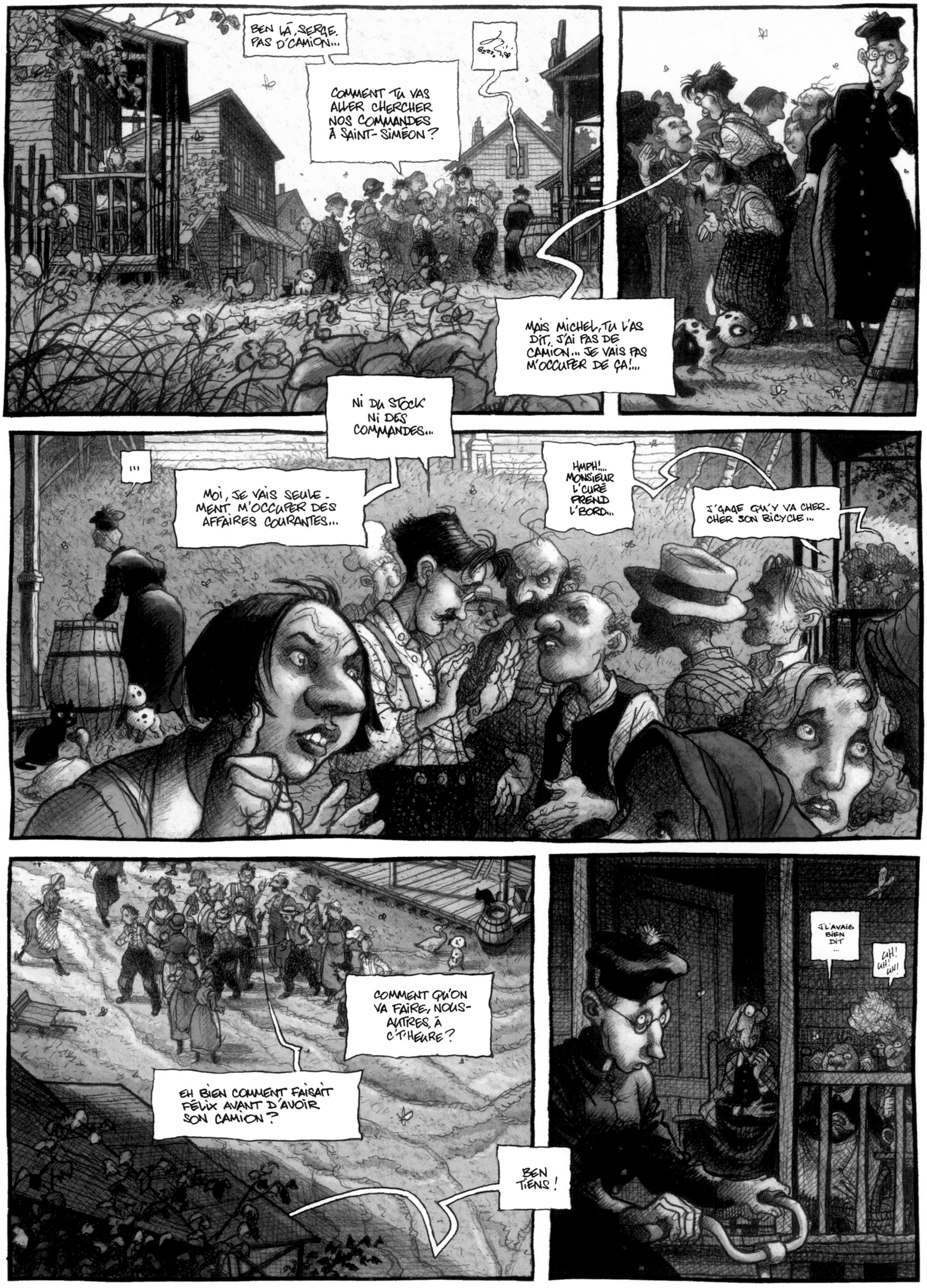
BEN LÀ, SERGE, PAS D'CAMION...
COMMENT TU VAS ALLER CHERCHER NOS COMMANDES À SAINT-SIMÉON ?
MAIS MICHEL, TU L'AS DIT, J'AI PAS DE CAMION... JE VAIS PAS M'OCCUPER DE ÇA !...
NI DU STOCK NI DES COMMANDES...
!!!
MOI, JE VAIS SEULEMENT M'OCCUPER DES AFFAIRES COURANTES...
HMPH !... MONSIEUR L'CURÉ PREND L'BORD...
J'GAGE QU'Y VA CHERCHER SON BICYCLE...
COMMENT QU'ON VA FAIRE, NOUS-AUTRES, À C'T'HEURE ?
EH BIEN COMMENT FAISAIT FÉLIX AVANT D'AVOIR SON CAMION ?
BEN TIENS !
J'L'AVAIS BIEN DIT...
UH ! UH ! UH !

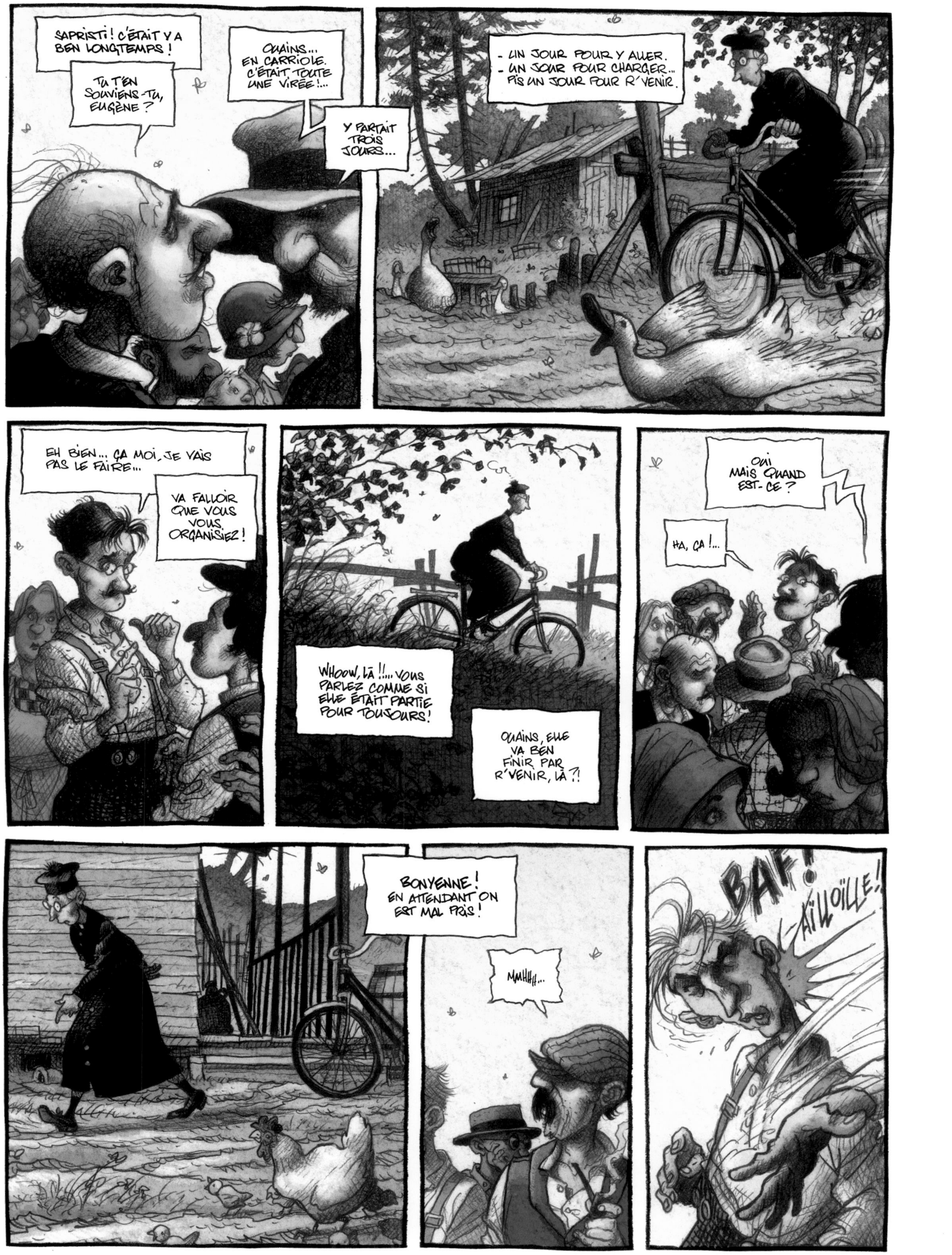
SAPRISTI ! C'ÉTAIT Y A BEN LONGTEMPS !
TU T'EN SOUVIENS-TU, EUGÈNE ?
OUAINS... EN CARRIOLE. C'ÉTAIT TOUTE UNE VIRÉE !...
Y PARTAIT TROIS JOURS...
- UN JOUR POUR Y ALLER.
- UN JOUR POUR CHARGER...
PIS UN JOUR POUR R'VENIR.
EH BIEN... ÇA MOI, JE VAIS PAS LE FAIRE...
VA FALLOIR QUE VOUS VOUS ORGANISIEZ !
WHOOW, LÀ !!... VOUS PARLEZ COMME SI ELLE ÉTAIT PARTIE POUR TOUJOURS !
OUAINS, ELLE VA BEN FINIR PAR R'VENIR, LÀ ?!
OUI MAIS QUAND EST-CE ?
HA, ÇA !...
BONYENNE ! EN ATTENDANT ON EST MAL PRIS !
MMHHH...
BAF !
AÏLLOÏLLE !

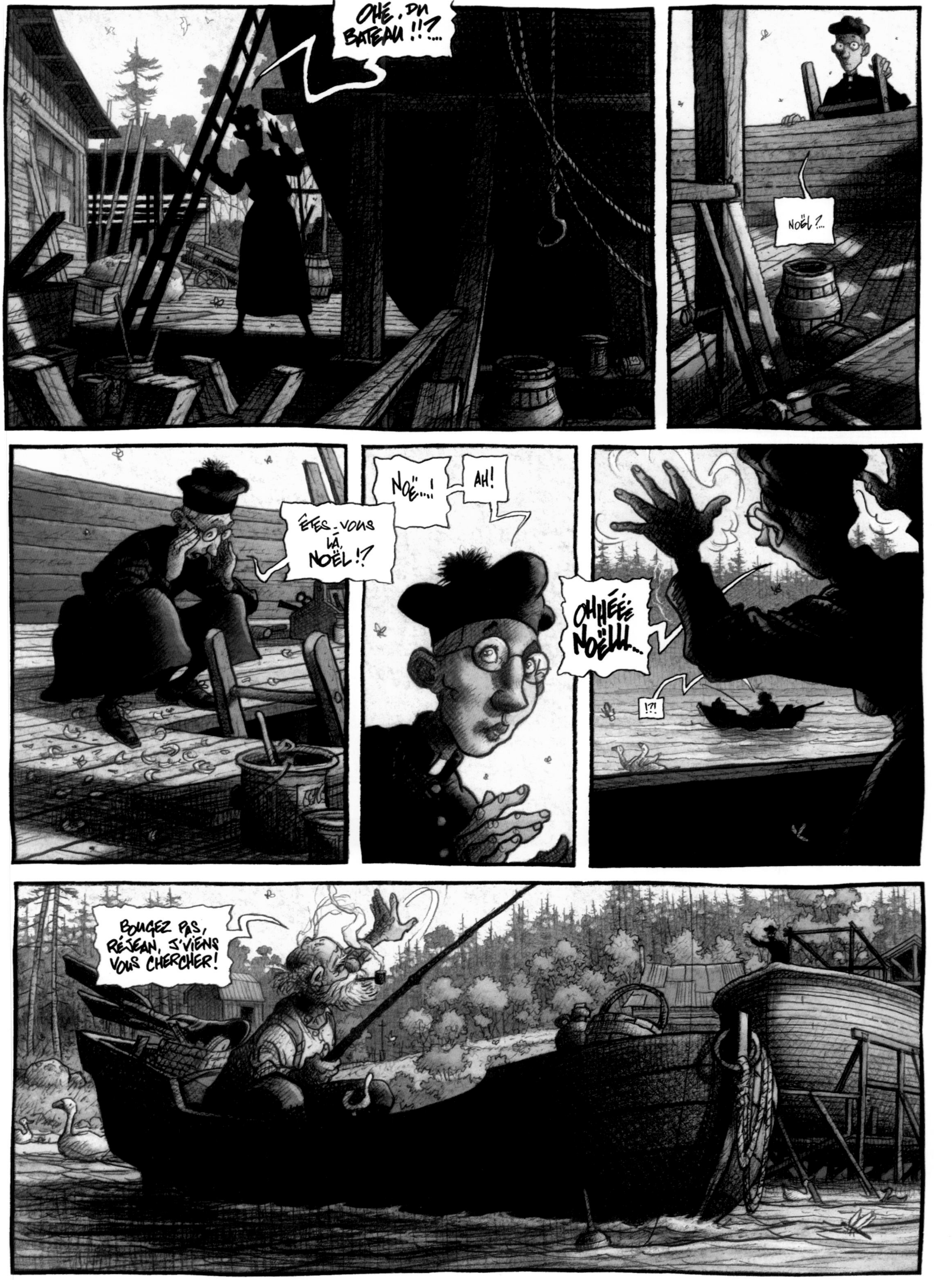
OHÉ, DU BATEAU !!?...
NOËL ?...
ÊTES-VOUS LÀ, NOËL !?
NOË...!
AH!
OHHÉÉÉ NOËLLL...
!?!
BOUGEZ PAS, RÉJEAN, J'VIENS VOUS CHERCHER!

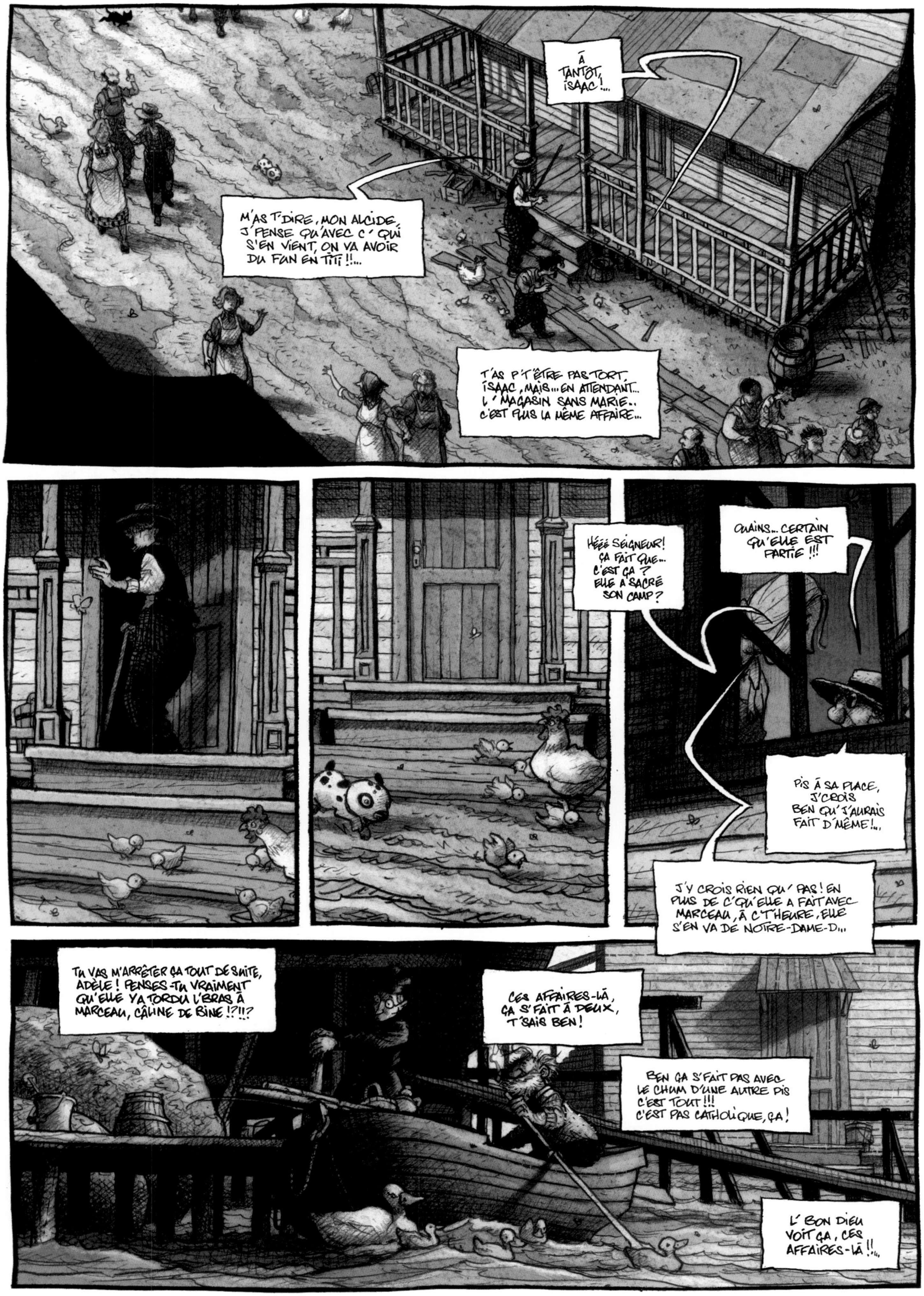
À TANTÔT, ISAAC !...
M'AS T'DIRE, MON ALCIDE, J'PENSE QU'AVEC C'QUI S'EN VIENT, ON VA AVOIR DU FUN EN TITI !!...
T'AS P'T'ÊTRE PAS TORT, ISAAC, MAIS... EN ATTENDANT... L'MAGASIN SANS MARIE.. C'EST PLUS LA MÊME AFFAIRE...
HÉÉÉ SEIGNEUR ! ÇA FAIT QUE... C'EST ÇA ? ELLE A SACRÉ SON CAMP ?
OUAINS... CERTAIN QU'ELLE EST PARTIE !!!
PIS À SA PLACE, J'CROIS BEN QU'J'AURAIS FAIT D'MÊME !...
J'Y CROIS RIEN QU'PAS ! EN PLUS DE C'QU'ELLE A FAIT AVEC MARCEAU, À C'T'HEURE, ELLE S'EN VA DE NOTRE-DAME-D...
TU VAS M'ARRÊTER ÇA TOUT DE SUITE, ADÈLE ! PENSES-TU VRAIMENT QU'ELLE Y A TORDU L'BRAS À MARCEAU, CÂLINE DE BINE !?!!?
CES AFFAIRES-LÀ, ÇA S'FAIT À DEUX, T'SAIS BEN !
BEN ÇA S'FAIT PAS AVEC LE CHUM D'UNE AUTRE PIS C'EST TOUT !!! C'EST PAS CATHOLIQUE, ÇA !
L'BON DIEU VOIT ÇA, CES AFFAIRES-LÀ !!...

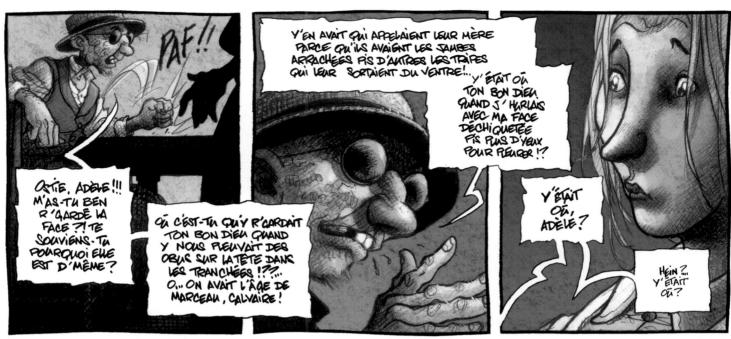

PAF!!

OSTIE, ADÈLE!!! M'AS-TU BEN R'GARDÉ LA FACE ?! TE SOUVIENS-TU POURQUOI ELLE EST D'MÊME ?

OÙ C'EST-TU QU'Y R'GARDAIT TON BON DIEU QUAND Y NOUS PLEUVAIT DES OBUS SUR LA TÊTE DANS LES TRANCHÉES !?? O... ON AVAIT L'ÂGE DE MARCEAU, CALVAIRE !

Y'EN AVAIT QUI APPELAIENT LEUR MÈRE PARCE QU'ILS AVAIENT LES JAMBES ARRACHÉES FIS D'AUTRES LES TRIPES QUI LEUR SORTAIENT DU VENTRE !... Y'ÉTAIT OÙ TON BON DIEU QUAND J'HURLAIS AVEC MA FACE DÉCHIQUETÉE FIS PLUS D'YEUX POUR PLEURER !?

Y'ÉTAIT OÙ, ADÈLE ?

HEIN ? Y'ÉTAIT OÙ ?

!!! Ç...

Ç... Ç... ÇA...

ÇA FAIT QUE... MA BELLE ADÈLE, ACHALE-MOI PUS AVEC MARIE FIS MARCEAU !...

C'QU'Y ONT FAIT, LÀ, C'EST PAS GRAVE, M'ENTENDS-TU ?... C'EST PAS GRAVE...

T'ES BONNE COMME DU BON PAIN, MON ADÈLE...

QUAND J'SUIS R'VENU D'EUROPE AVEC MA FACE TOUTE MAGANÉE, TU M'AS PRIS COMME J'ÉTAIS...

MARIE C'EST TA CHUM... FIS...

J'PENSE QUE T'AURAIS PU ÊTRE AUSSI CHARITABLE AVEC ELLE QU'AVEC MOI...

ISAAC... ISAAC J... J'AI... C'EST TOI QUI AS RAISON... J...

TU... JE... EXCUSE-MOI, ISAAC... J'AI ÉTÉ NIAISEUSE...

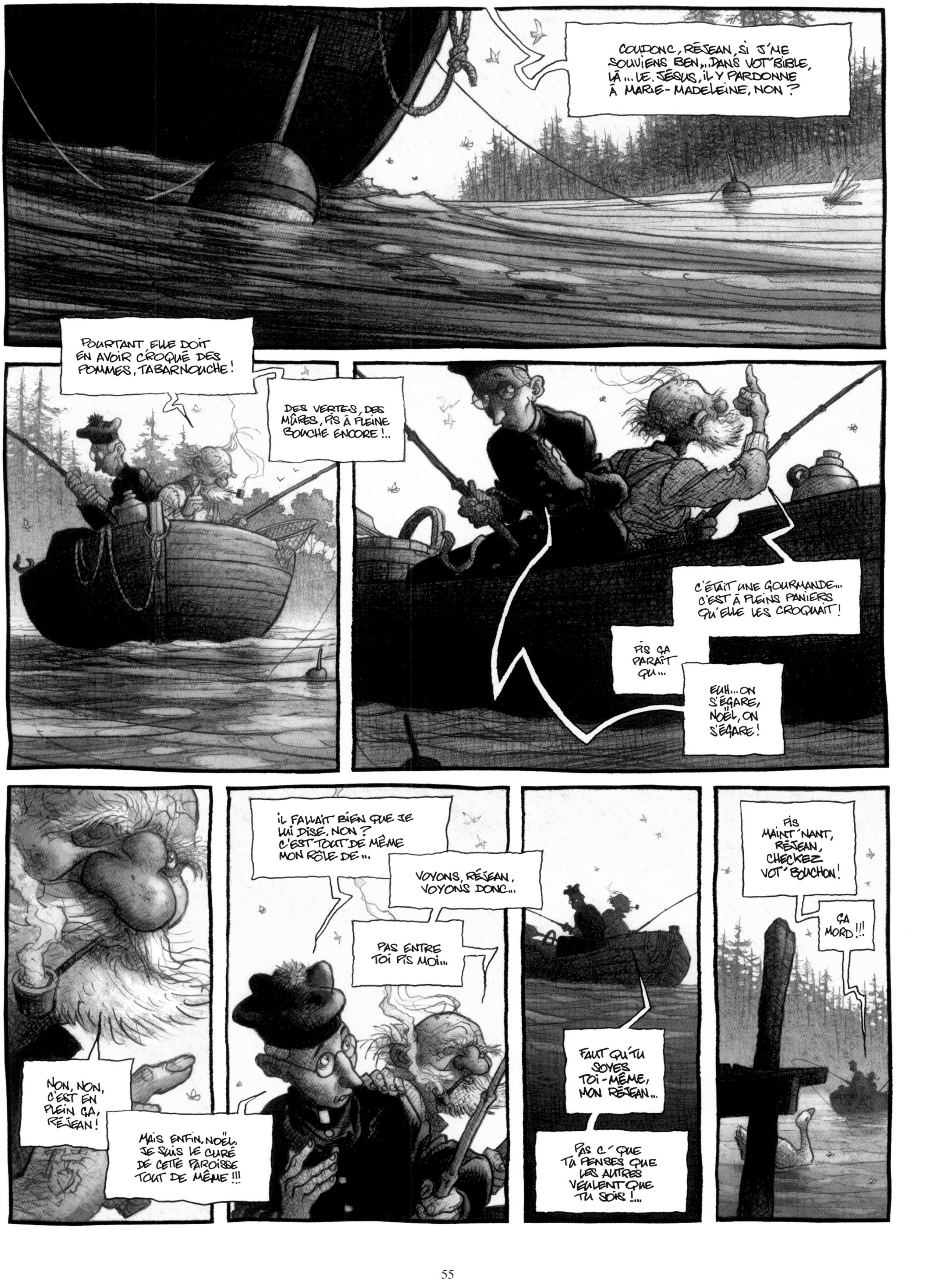
COUDONC, RÉJEAN, SI J'ME SOUVIENS BEN... DANS VOT' BIBLE, LÀ... LE JÉSUS, IL Y PARDONNE À MARIE-MADELEINE, NON ?
POURTANT ELLE DOIT EN AVOIR CROQUÉ DES POMMES, TABARNOUCHE !
DES VERTES, DES MÛRES, PIS À PLEINE BOUCHE ENCORE !..
C'ÉTAIT UNE GOURMANDE... C'EST À PLEINS PANIERS QU'ELLE LES CROQUAIT !
PIS ÇA PARAÎT QU...
EUH... ON S'ÉGARE, NOËL, ON S'ÉGARE !
NON, NON, C'EST EN PLEIN ÇA, RÉJEAN !
MAIS ENFIN, NOËL, JE SUIS LE CURÉ DE CETTE PAROISSE TOUT DE MÊME !!!
IL FALLAIT BIEN QUE JE LUI DISE, NON ? C'EST TOUT DE MÊME MON RÔLE DE...
VOYONS, RÉJEAN, VOYONS DONC...
PAS ENTRE TOI PIS MOI...
FAUT QU'TU SOYES TOI-MÊME, MON RÉJEAN...
PAS C'QUE TU PENSES QUE LES AUTRES VEULENT QUE TU SOIS !...
PIS MAINT'NANT, RÉJEAN, CHECKEZ VOT' BOUCHON !
ÇA MORD !!!

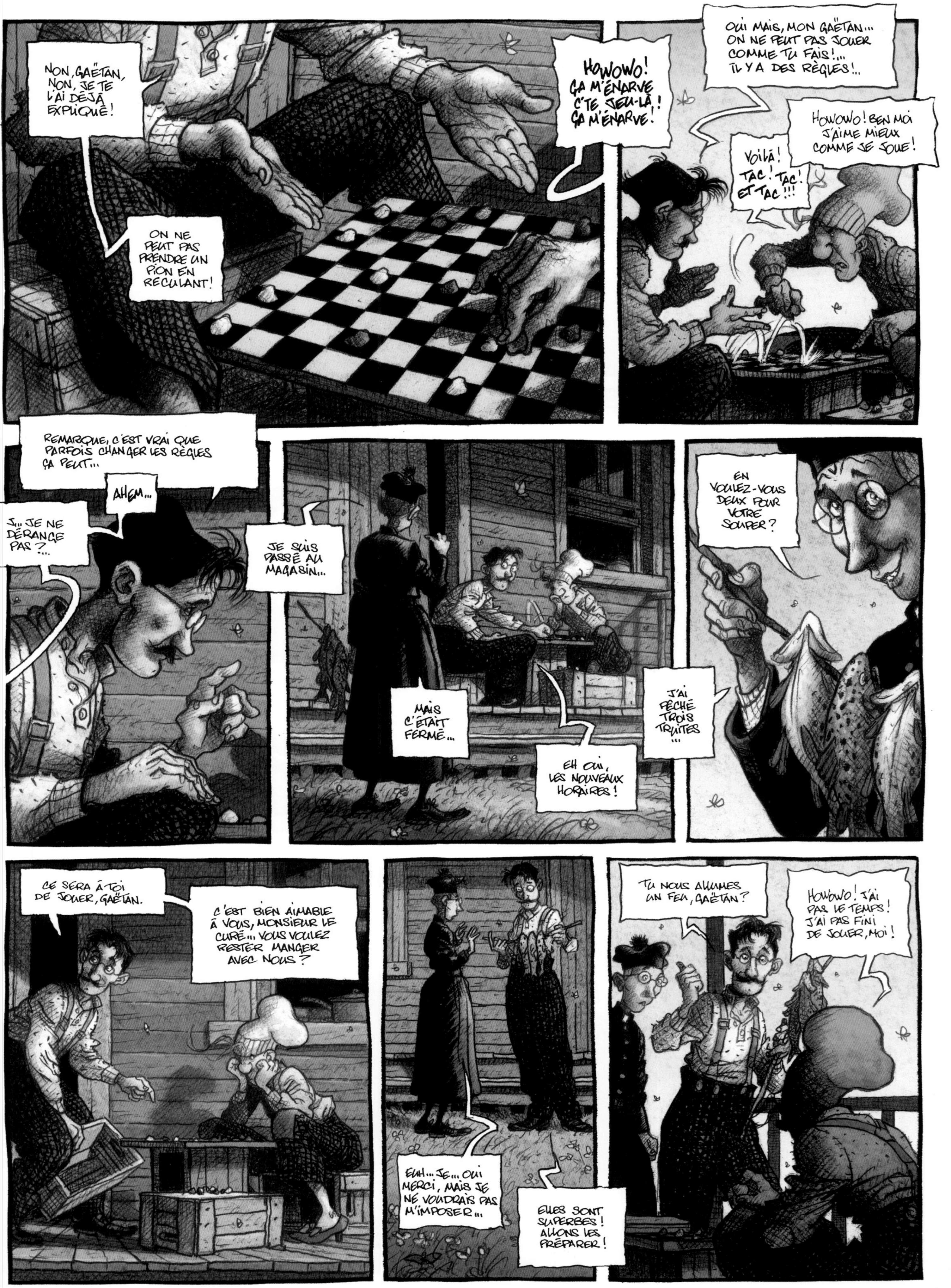
NON, GAËTAN, NON, JE TE L'AI DÉJÀ EXPLIQUÉ !
ON NE PEUT PAS PRENDRE UN PION EN RECULANT !
HOWOWO ! ÇA M'ÉNARVE C'TE JEU-LÀ ! ÇA M'ÉNARVE !
OUI MAIS, MON GAËTAN... ON NE PEUT PAS JOUER COMME TU FAIS !... IL Y A DES RÈGLES !...
HOWOWO ! BEN MOI J'AIME MIEUX COMME JE JOUE !
VOILÀ ! TAC ! TAC ! ET TAC !!!
REMARQUE, C'EST VRAI QUE PARFOIS CHANGER LES RÈGLES ÇA PEUT...
AHEM...
J... JE NE DÉRANGE PAS ?...
JE SUIS PASSÉ AU MAGASIN...
MAIS C'ÉTAIT FERMÉ...
EH OUI, LES NOUVEAUX HORAIRES !
EN VOULEZ-VOUS DEUX POUR VOTRE SOUPER ?
J'AI PÊCHÉ TROIS TRUITES !!!
CE SERA À TOI DE JOUER, GAËTAN.
C'EST BIEN AIMABLE À VOUS, MONSIEUR LE CURÉ... VOUS VOULEZ RESTER MANGER AVEC NOUS ?
EUH... JE... OUI MERCI, MAIS JE NE VOUDRAIS PAS M'IMPOSER...
ELLES SONT SUPERBES ! ALLONS LES PRÉPARER !
TU NOUS ALLUMES UN FEU, GAËTAN ?
HOWOWO ! J'AI PAS LE TEMPS ! J'AI PAS FINI DE JOUER, MOI !

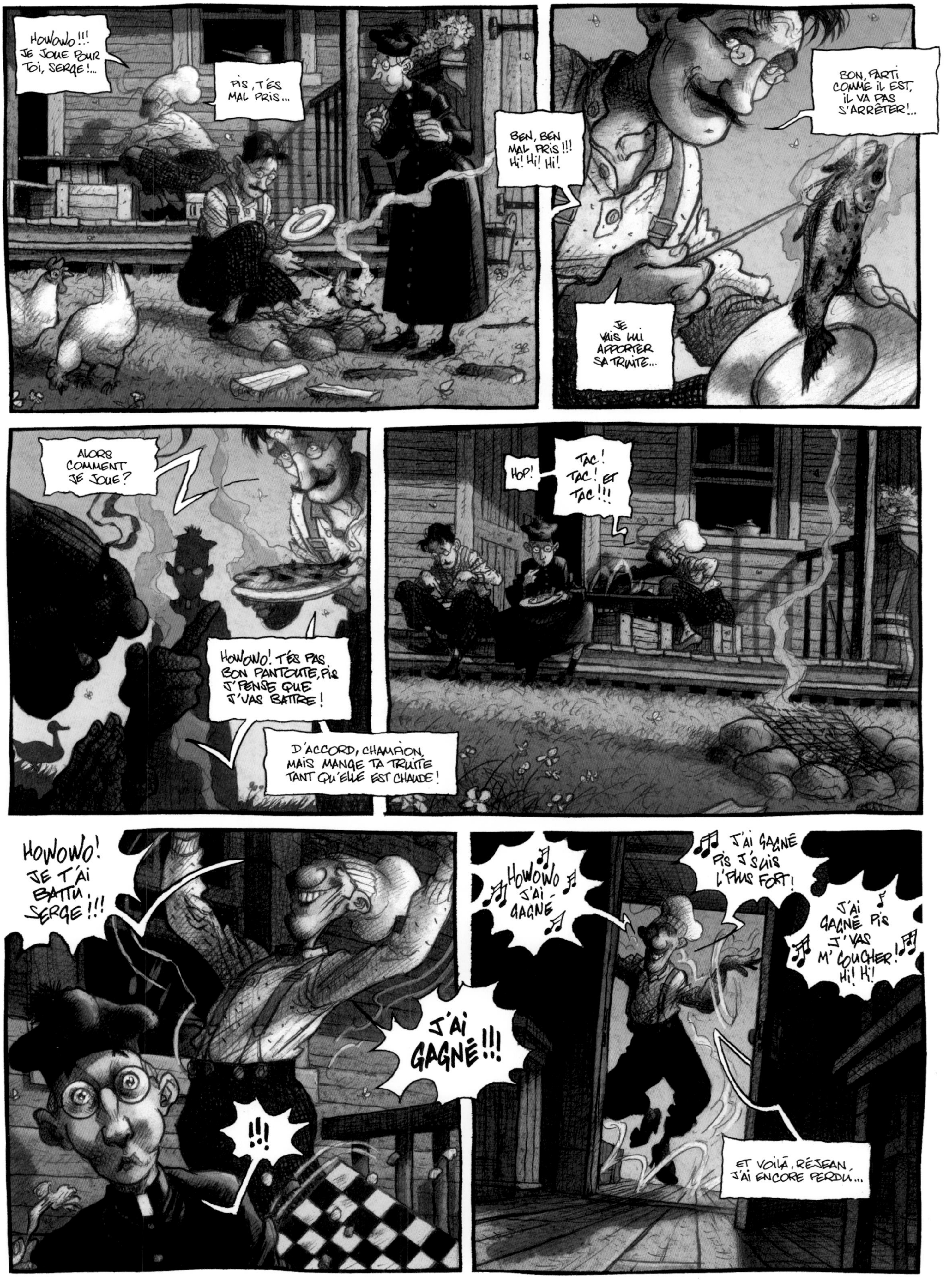

HOWOWO !!! JE JOUE POUR TOI, SERGE !...
PIS, T'ES MAL PRIS...
BEN, BEN MAL PRIS !!! HI ! HI ! HI !
BON, PARTI COMME IL EST, IL VA PAS S'ARRÊTER !...
JE VAIS LUI APPORTER SA TRUITE...
ALORS COMMENT JE JOUE ?
HOWOWO ! T'ES PAS BON PANTOUTE, PIS J'PENSE QUE J'VAS BATTRE !
D'ACCORD, CHAMPION, MAIS MANGE TA TRUITE TANT QU'ELLE EST CHAUDE !
HOP !
TAC ! TAC ! ET TAC !!!
HOWOWO ! JE T'AI BATTU SERGE !!!
J'AI GAGNÉ !!!
!!!
HOWOWO J'AI GAGNÉ
J'AI GAGNÉ PIS J'S'UIS L'PLUS FORT !
J'AI GAGNÉ PIS J'VAS M'COUCHER ! HI ! HI !
ET VOILÀ, RÉJEAN, J'AI ENCORE PERDU...

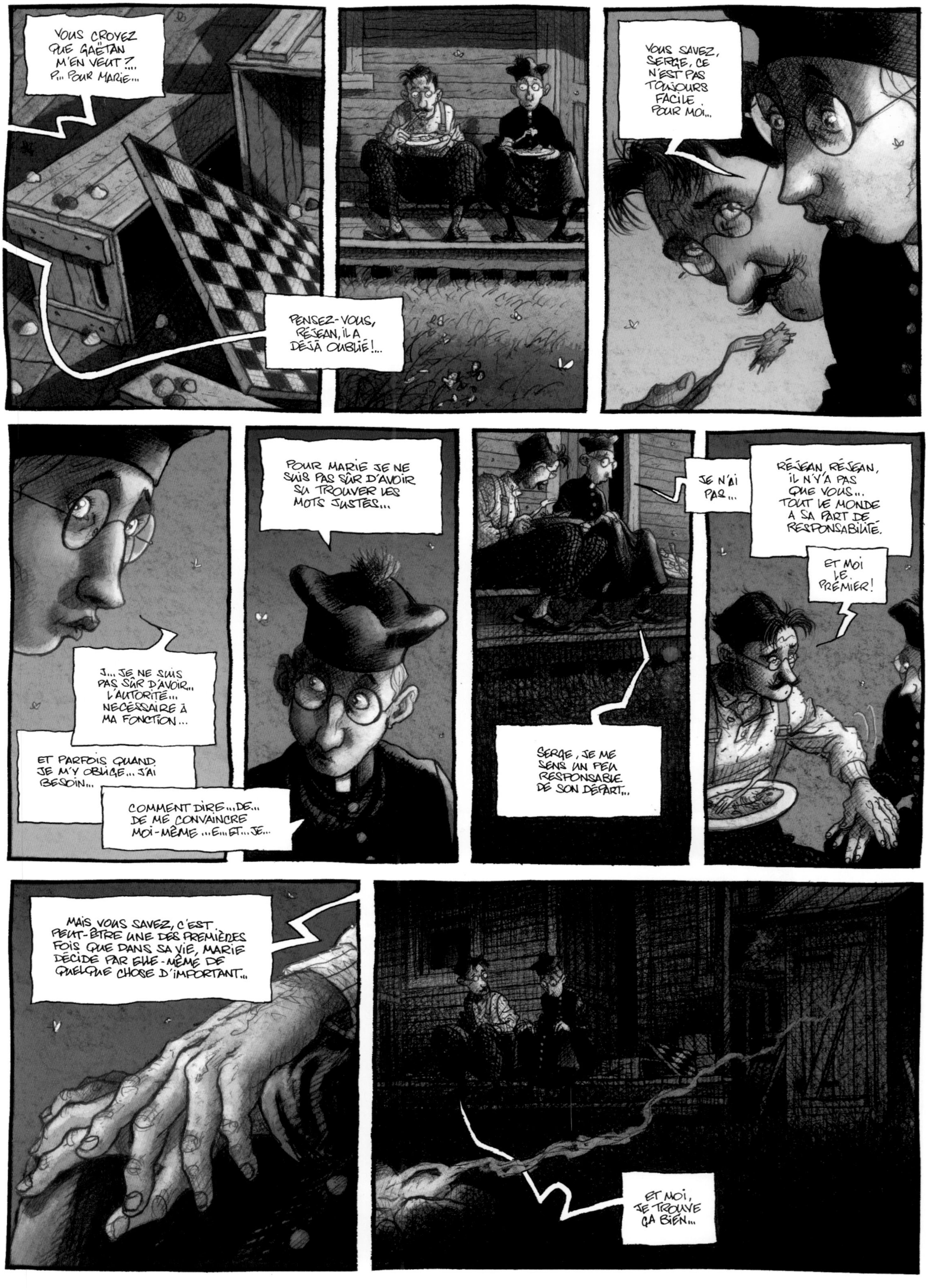

VOUS CROYEZ QUE GAËTAN M'EN VEUT ?... P... POUR MARIE...
PENSEZ-VOUS, RÉJEAN, IL A DÉJÀ OUBLIÉ !...
VOUS SAVEZ, SERGE, CE N'EST PAS TOUJOURS FACILE POUR MOI...
J... JE NE SUIS PAS SÛR D'AVOIR... L'AUTORITÉ... NÉCESSAIRE À MA FONCTION...
ET PARFOIS QUAND JE M'Y OBLIGE... J'AI BESOIN...
COMMENT DIRE... DE... DE ME CONVAINCRE MOI-MÊME ... E... ET... JE...
POUR MARIE JE NE SUIS PAS SÛR D'AVOIR SU TROUVER LES MOTS JUSTES...
JE N'AI PAS...
SERGE, JE ME SENS UN PEU RESPONSABLE DE SON DÉPART...
RÉJEAN, RÉJEAN, IL N'Y A PAS QUE VOUS... TOUT LE MONDE A SA PART DE RESPONSABILITÉ.
ET MOI LE PREMIER !
MAIS VOUS SAVEZ, C'EST PEUT-ÊTRE UNE DES PREMIÈRES FOIS QUE DANS SA VIE, MARIE DÉCIDE PAR ELLE-MÊME DE QUELQUE CHOSE D'IMPORTANT...
ET MOI, JE TROUVE ÇA BIEN...

AIDEZ - MOI,
MON DIEU...

DEPUIS SI LONGTEMPS,
SEIGNEUR, JE ME SUIS
EFFORCÉ D'ÊTRE DIGNE
DE LA MISSION QUE
VOUS M'AVEZ CONFIÉE...

J'AI DÛ
SOUVENT ME
BATTRE AVEC
MOI-MÊME...

ET J'AI
TOUJOURS RÉUSSI
À REPOUSSER
LES DOUTES...

MAIS
AUJOURD'HUI
JE NE SAIS
PLUS...

NE
M'ABANDONNEZ
PAS, MON
DIEU...

JE
SUIS
CONFUS...

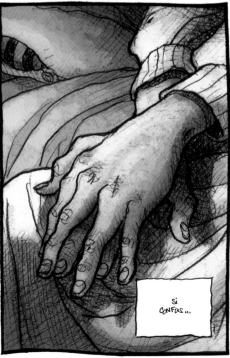

SI
CONFUS...

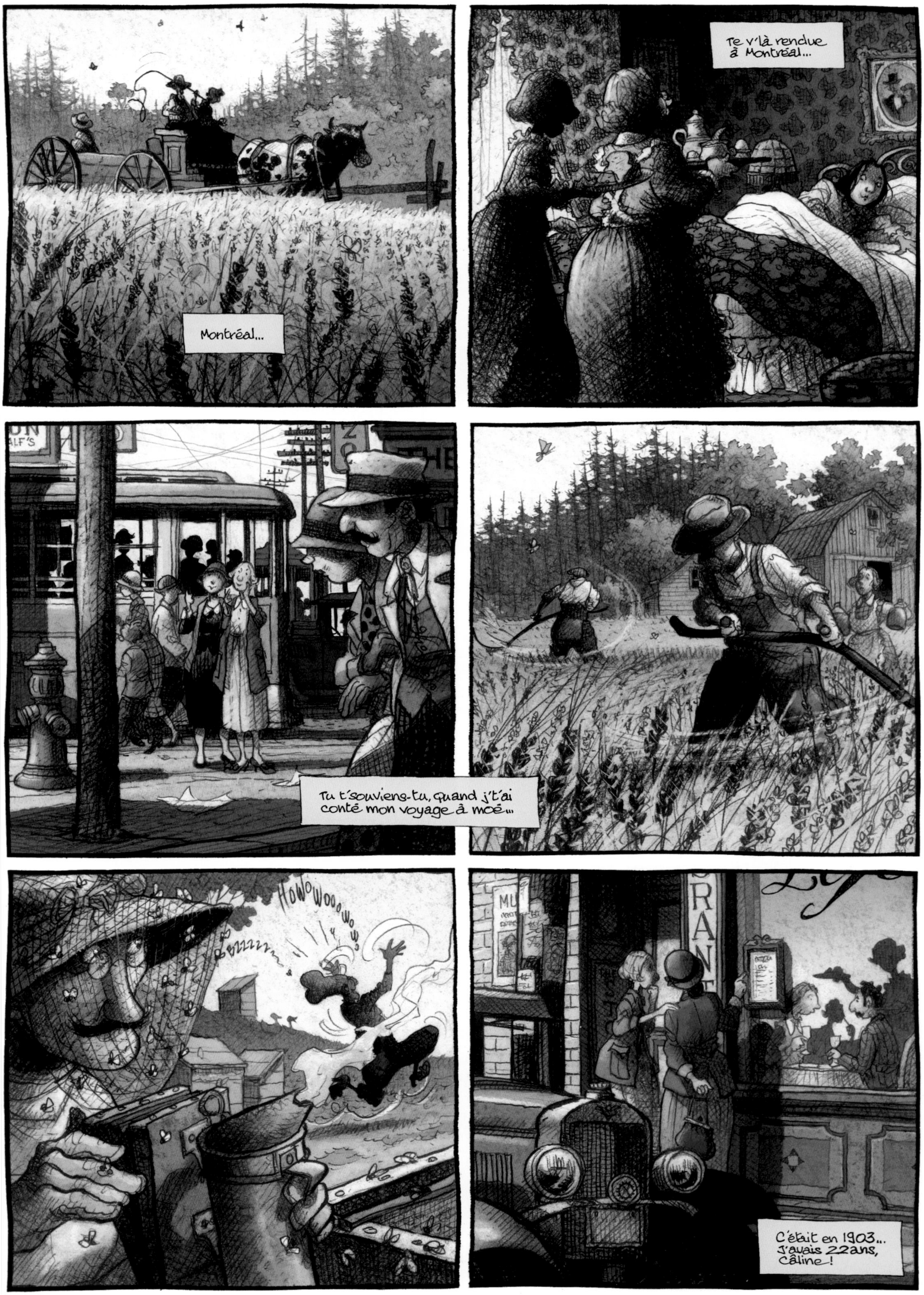
Montréal...
Te v'là rendue à Montréal...
Tu t'souviens-tu, quand j't'ai conté mon voyage à moé...
C'était en 1903... J'avais 22 ans, Câline !

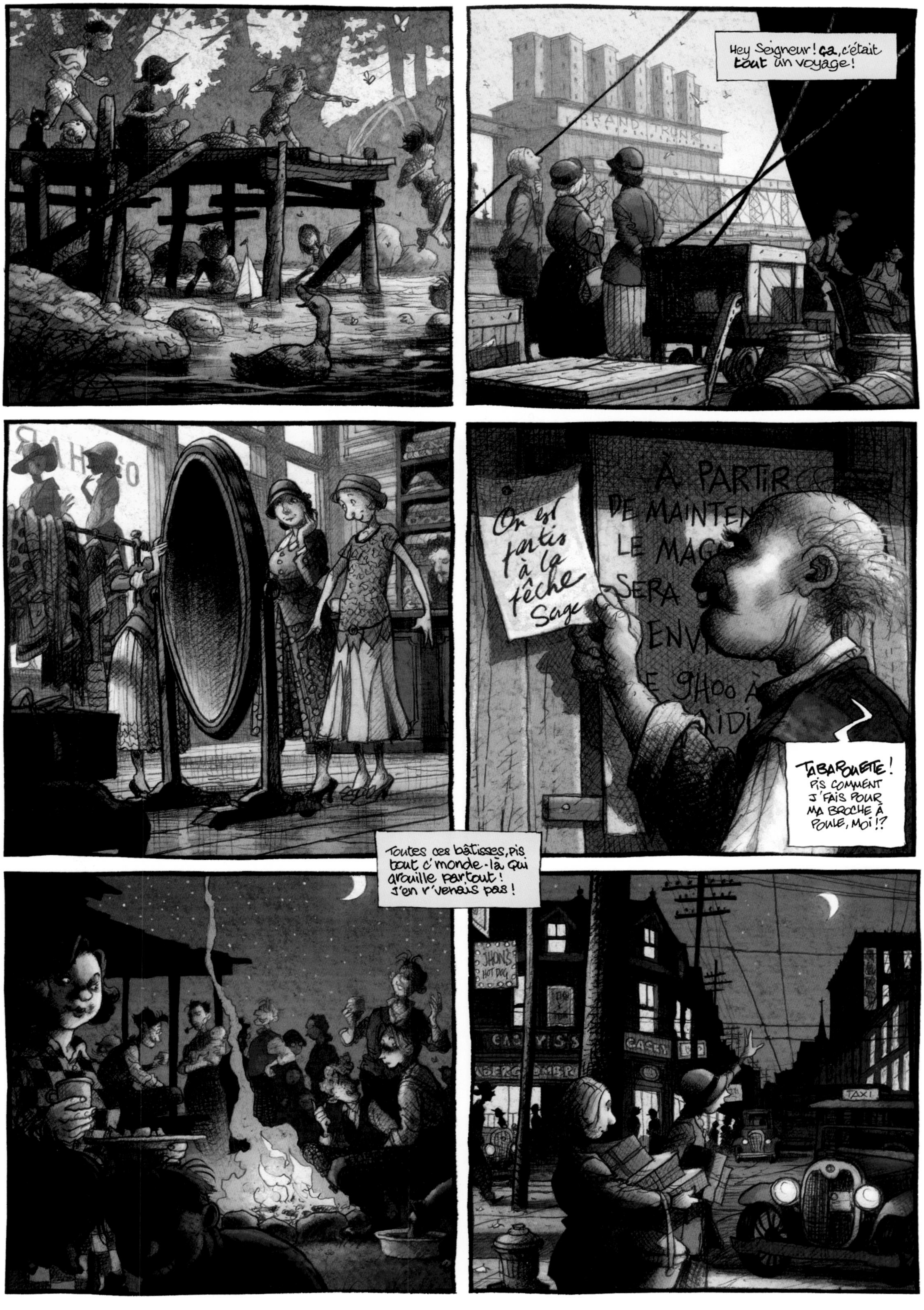
GRAND TRUNK
Hey Seigneur! ÇA, c'était tout un voyage!
On est partis à la pêche Sage
À PARTIR
TABAROUETTE! PIS COMMENT J'FAIS POUR MA BROCHE À POULE, MOI!?
Toutes ces bâtisses, pis tout c'monde-là qui grouille partout! J'en r'venais pas!
TAXI

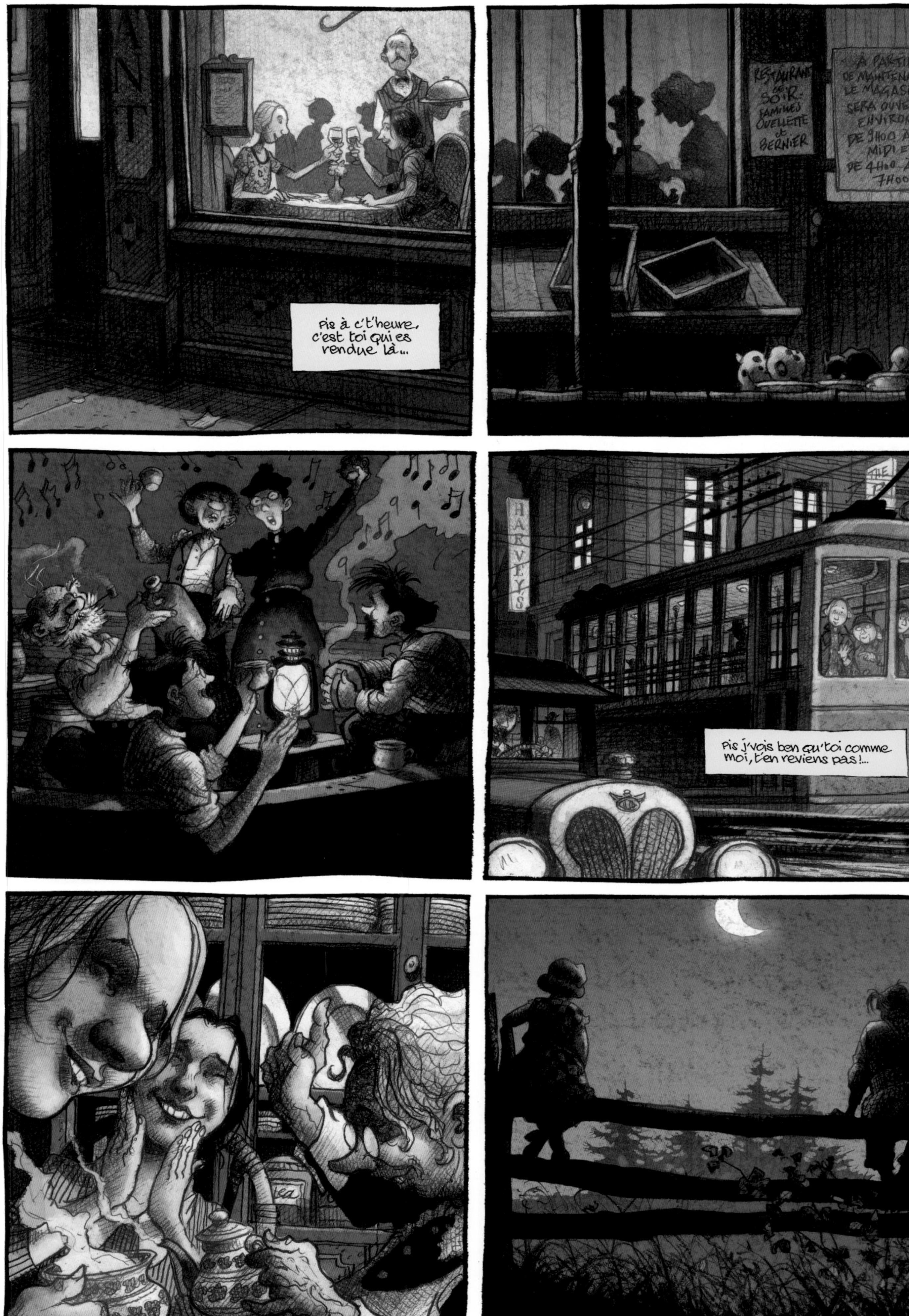
Pis à c't'heure, c'est toi qui es rendue là...
RESTAURANT
SOIR
FAMILLES OUELLETTE et BERNIER
À PARTIR DE MAINTENANT LE MAGASIN SERA OUVERT ENVIRON DE 9H00 À MIDI ET DE 4H00 À 7H00
HARVEY'S
Pis j'vois ben qu'toi comme moi, t'en reviens pas !...

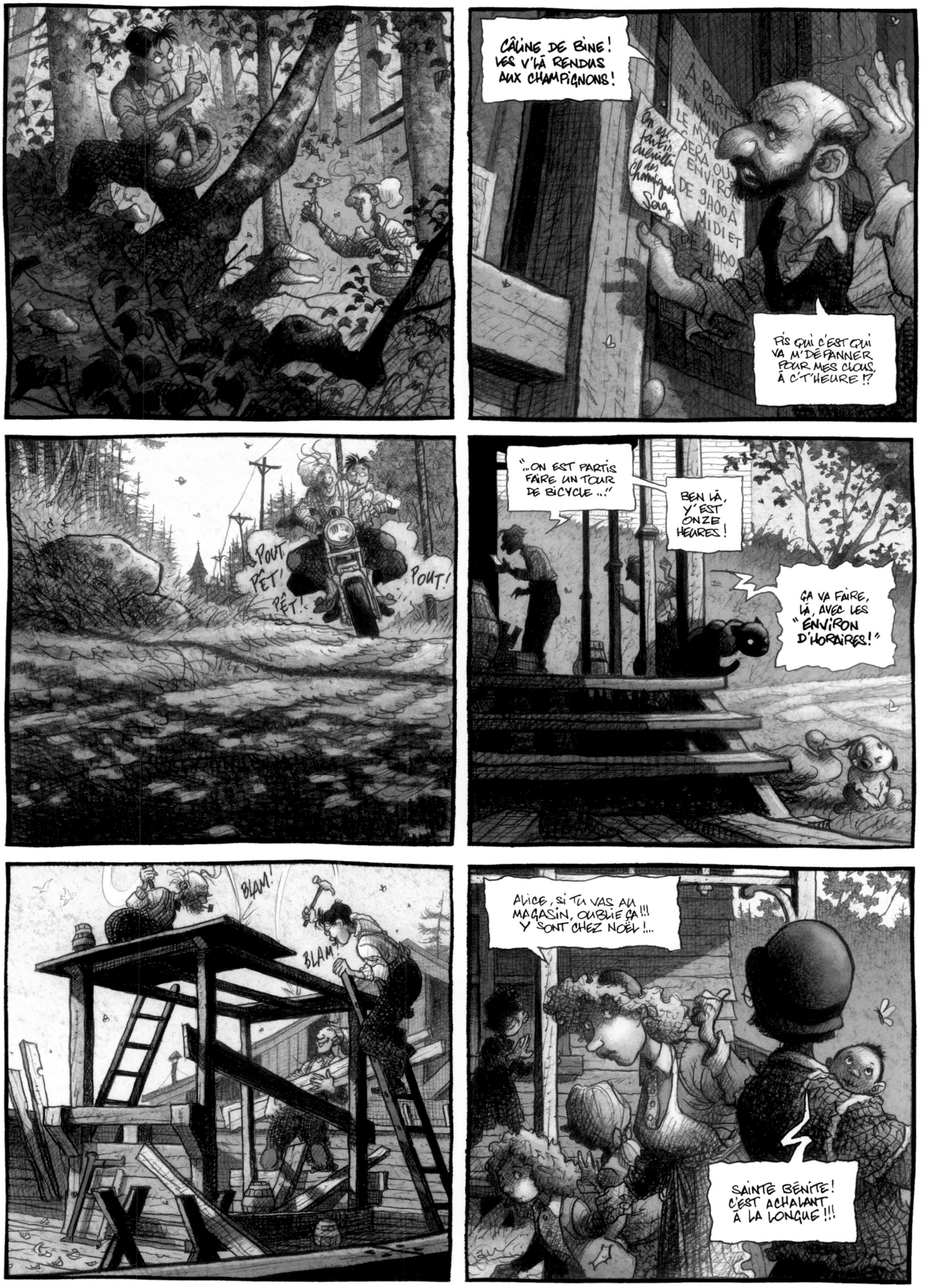
CÂLINE DE BINE ! LES V'LÀ RENDUS AUX CHAMPIGNONS !
FIS QUI C'EST QUI VA M'DÉPANNER POUR MES CLOUS, À C'T'HEURE !?
POUT PÊT PÊT ! POUT !
"...ON EST PARTIS FAIRE UN TOUR DE BICYCLE..."
BEN LÀ, Y'EST ONZE HEURES !
ÇA VA FAIRE, LÀ, AVEC LES "ENVIRON D'HORAIRES !"
BLAM !
BLAM !
ALICE, SI TU VAS AU MAGASIN, OUBLIE ÇA !!! Y SONT CHEZ NOËL !...
SAINTE BÉNITE ! C'EST ACHALANT À LA LONGUE !!!

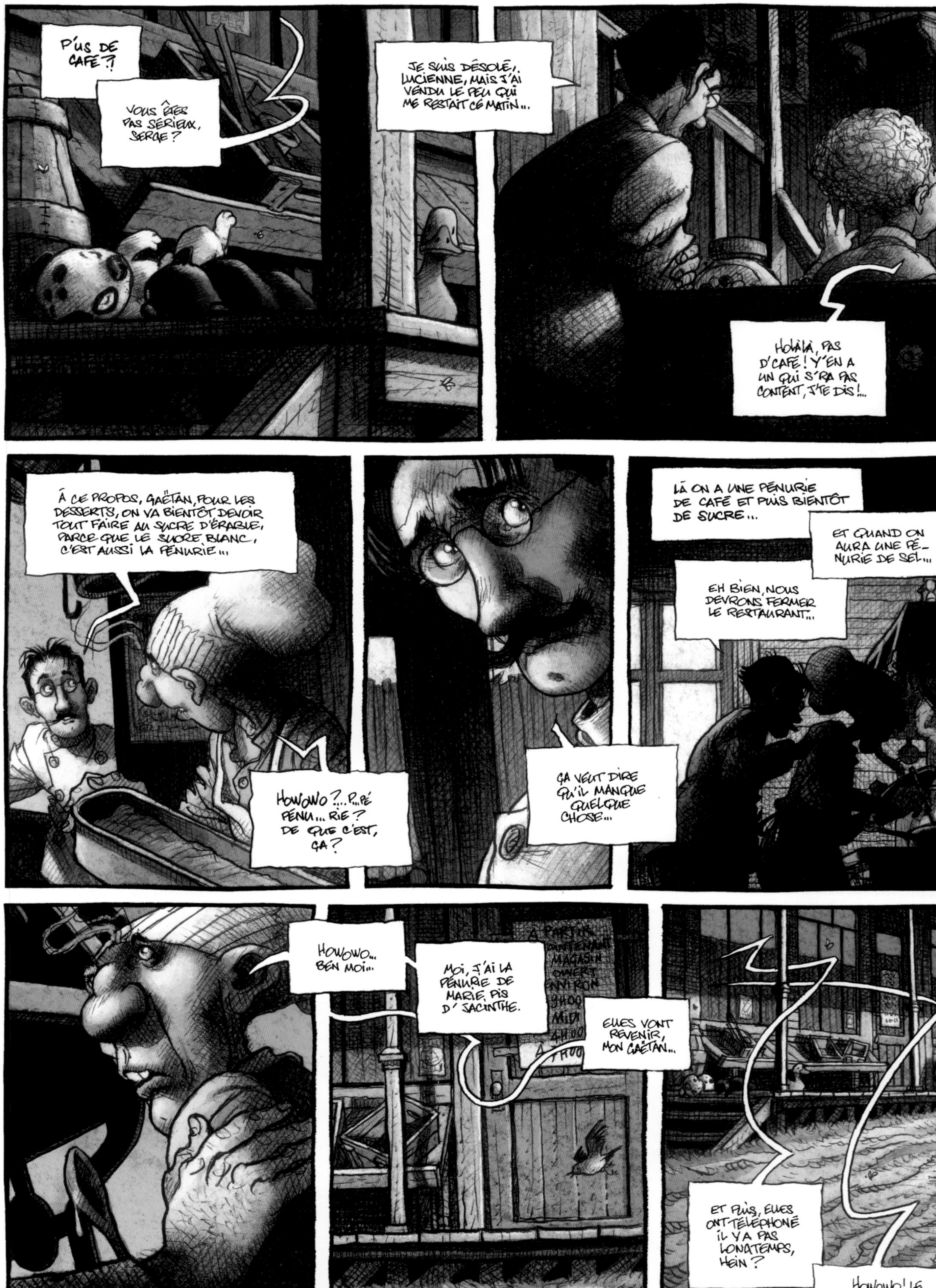

P'us de café ?!
Vous êtes pas sérieux, Serge ?
Je suis désolé, Lucienne, mais j'ai vendu le peu qui me restait ce matin...
Holàlà, pas d'café ! Y'en a un qui s'ra pas content, j'te dis !...
À ce propos, Gaëtan, pour les desserts, on va bientôt devoir tout faire au sucre d'érable, parce que le sucre blanc, c'est aussi la pénurie...
Howowo ?... P...pé pénu... rie ? De que c'est, ça ?
Ça veut dire qu'il manque quelque chose...
Là on a une pénurie de café et puis bientôt de sucre...
Et quand on aura une pé-nurie de sel...
Eh bien, nous devrons fermer le restaurant...
Howowo... Ben moi...
Moi, j'ai la pénurie de Marie, pis d' Jacinthe.
Elles vont revenir, mon Gaëtan...
Et puis, elles ont téléphoné il y a pas longtemps, hein ?
Howowo ! Le téléphone c'est pas pareil... J' les vois pas, d'abord !

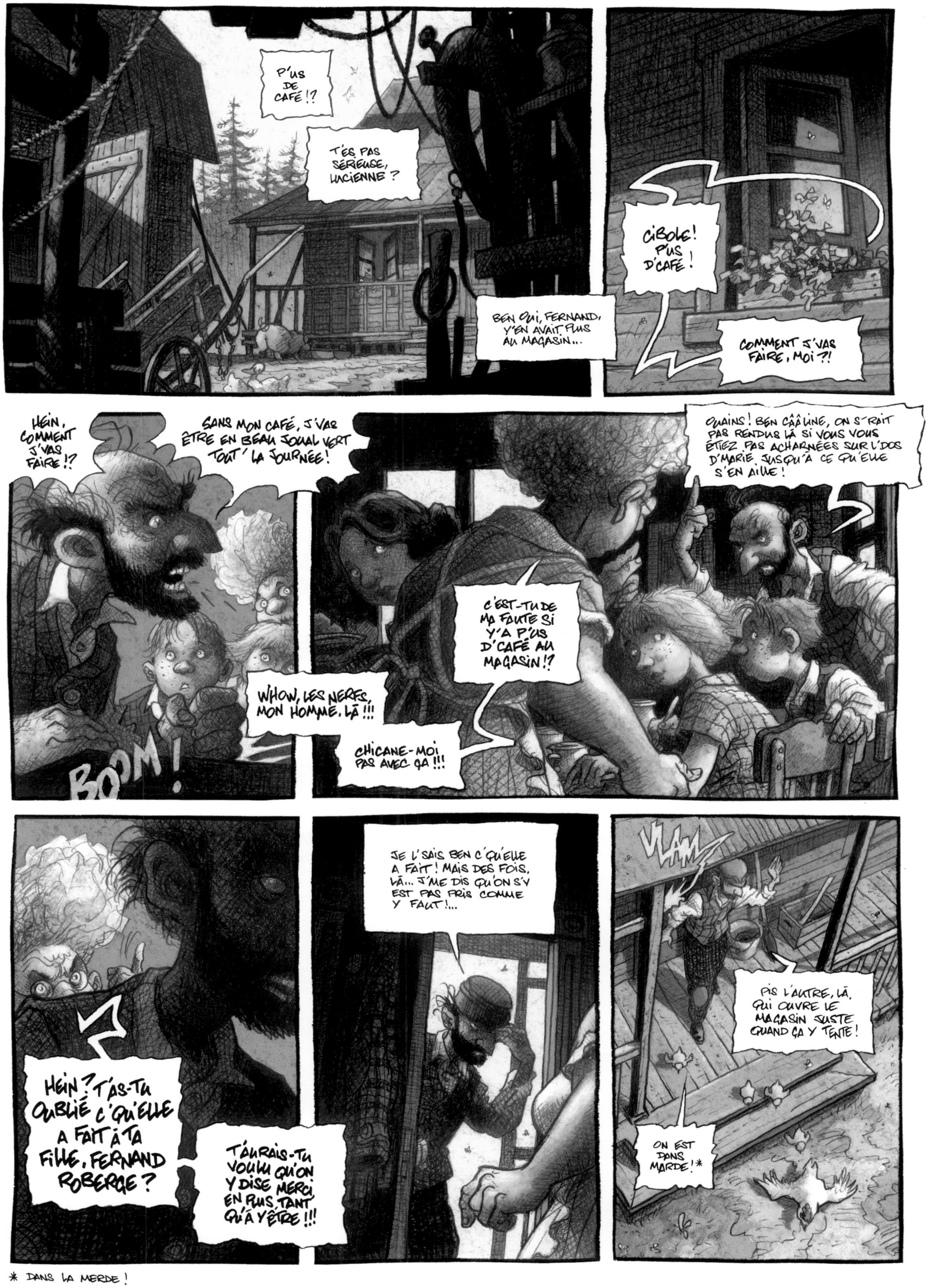
P'US DE CAFÉ !?
T'ES PAS SÉRIEUSE, LUCIENNE ?
BEN OUI, FERNAND, Y'EN AVAIT PUS AU MAGASIN...
CIBOLE ! P'US D'CAFÉ !
COMMENT J'VAS FAIRE, MOI ?!
HEIN, COMMENT J'VAS FAIRE !?
SANS MON CAFÉ, J'VAS ÊTRE EN BEAU JOUAL VERT TOUT' LA JOURNÉE !
BOOM !
WHOW, LES NERFS, MON HOMME, LÀ !!!
C'EST-TU DE MA FAUTE SI Y'A P'US D'CAFÉ AU MAGASIN !?
CHICANE-MOI PAS AVEC ÇA !!!
OUAINS ! BEN CÂÂLINE, ON S'RAIT PAS RENDUS LÀ SI VOUS VOUS ÉTIEZ PAS ACHARNÉES SUR L'DOS D'MARIE JUSQU'À CE QU'ELLE S'EN AILLE !
HEIN ? T'AS-TU OUBLIÉ C'QU'ELLE A FAIT À TA FILLE, FERNAND ROBERGE ?
T'AURAIS-TU VOULU QU'ON Y DISE MERCI EN PLUS TANT QU'À Y ÊTRE !!!
JE L'SAIS BEN C'QU'ELLE A FAIT ! MAIS DES FOIS, LÀ... J'ME DIS QU'ON S'Y EST PAS PRIS COMME Y FAUT !...
VLAM
PIS L'AUTRE, LÀ, QUI OUVRE LE MAGASIN JUSTE QUAND ÇA Y TENTE !
ON EST DANS MARDE !*

* DANS LA MERDE !

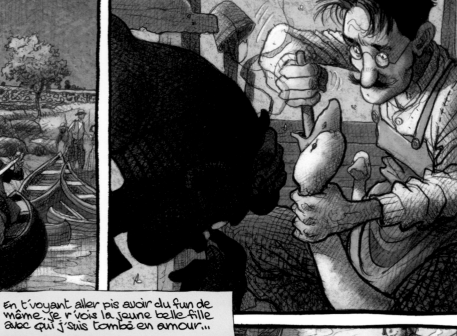

En t'voyant aller pis avoir du fun de même, je r'vois la jeune belle fille avec qui j'suis tombé en amour...

BEN, MOI, J'AIMERAIS MIEUX ÊTRE À LA PLACE DE JACINTHE, À MONTRÉAL, À M'PROMENER DANS LES BELLES RUES AVEC DES HABITS D'MADAME !...

DES HABITS D'MADAME ?

T'SAIS, J'PENSE QU' MARIE VA LUI EN AVOIR ACHETÉ !...

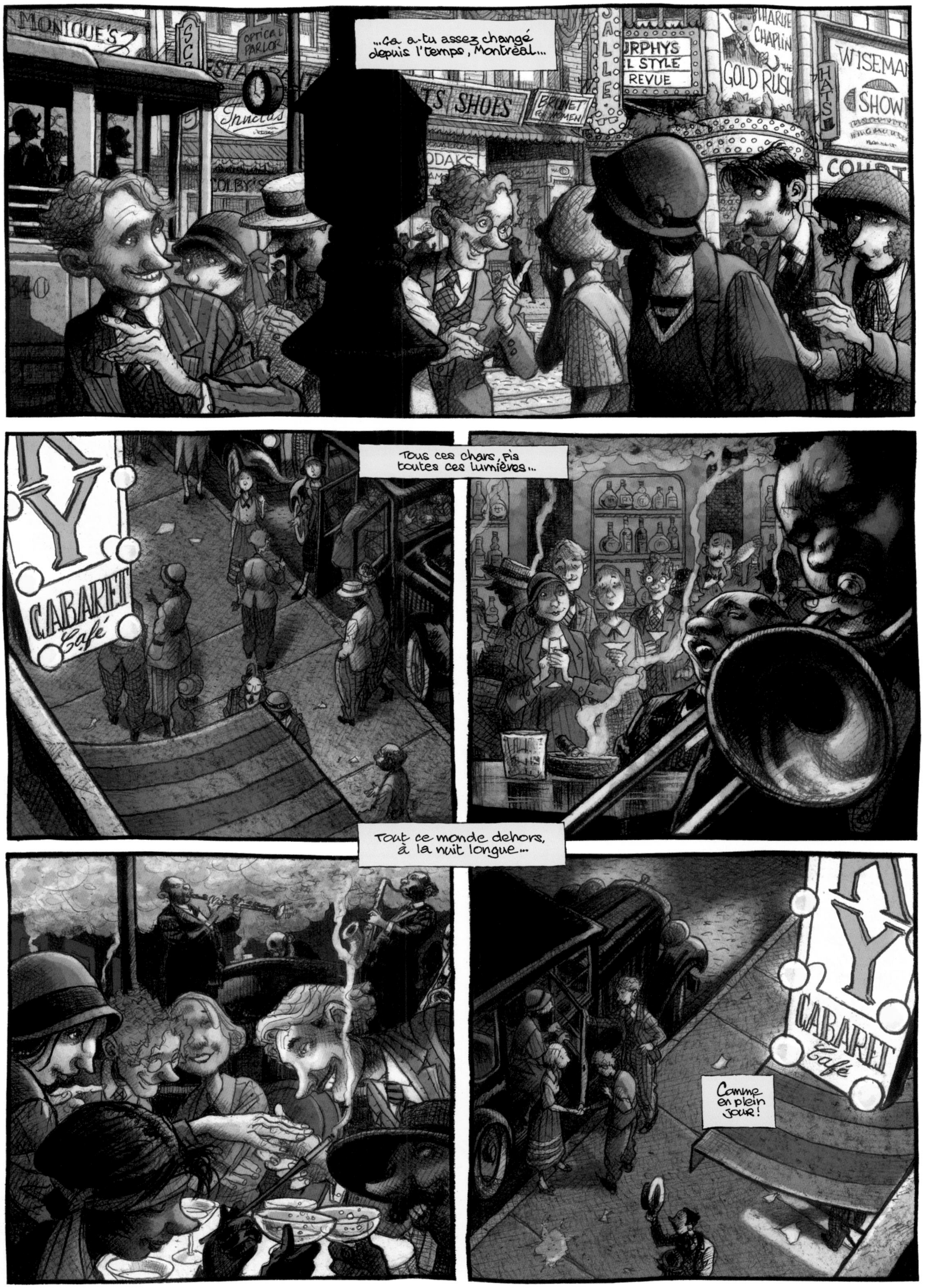
...Ça a-tu assez changé depuis l'temps, Montréal...
Tous ces chars, pis toutes ces lumières...
CABARET Café
Tout ce monde dehors, à la nuit longue...
CABARET Café
Comme en plein jour!

COCOR
P'S, EMMA ?... LE MAGASIN... Y EST-TU OUVERT ?
OUAINS, SI VOUS AVEZ DE QUOI À ACHETER, C'EST L'TEMPS ! SERGE PIS GAËTAN SONT LÀ !
HMPH ! SÛREMENT PAS POUR LONGTEMPS !...
Y VONT SÛR'MENT R'PARTIR NIAISER...
C'EST SÛR QUE DANS L'TEMPS DE D'MARIE, C'ÉTAIT PAS D'MÊME.
MMHH... C'EST VRAI QU'AVEC ELLE, LE MAGASIN ÉTAIT TOUT LE TEMPS OUVERT.
BEN MOI, S'IL EST OUVERT, J'Y VAIS, AU MAGASIN...
V'NEZ-VOUS AVEC MOI ?

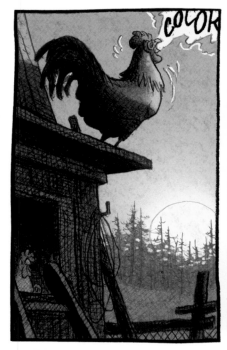

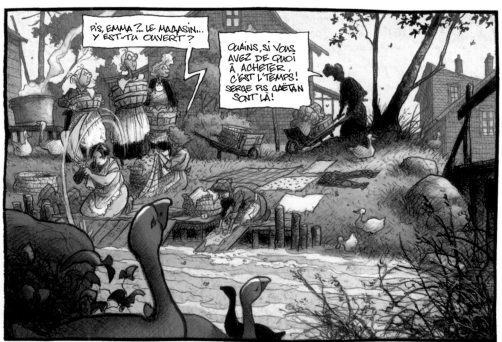

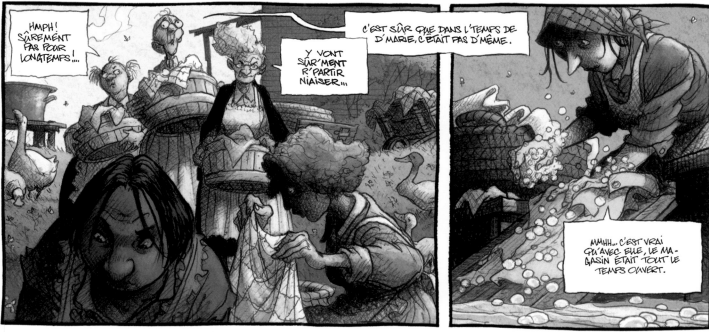

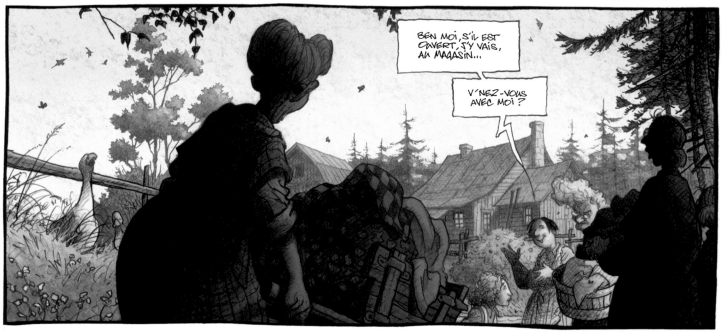

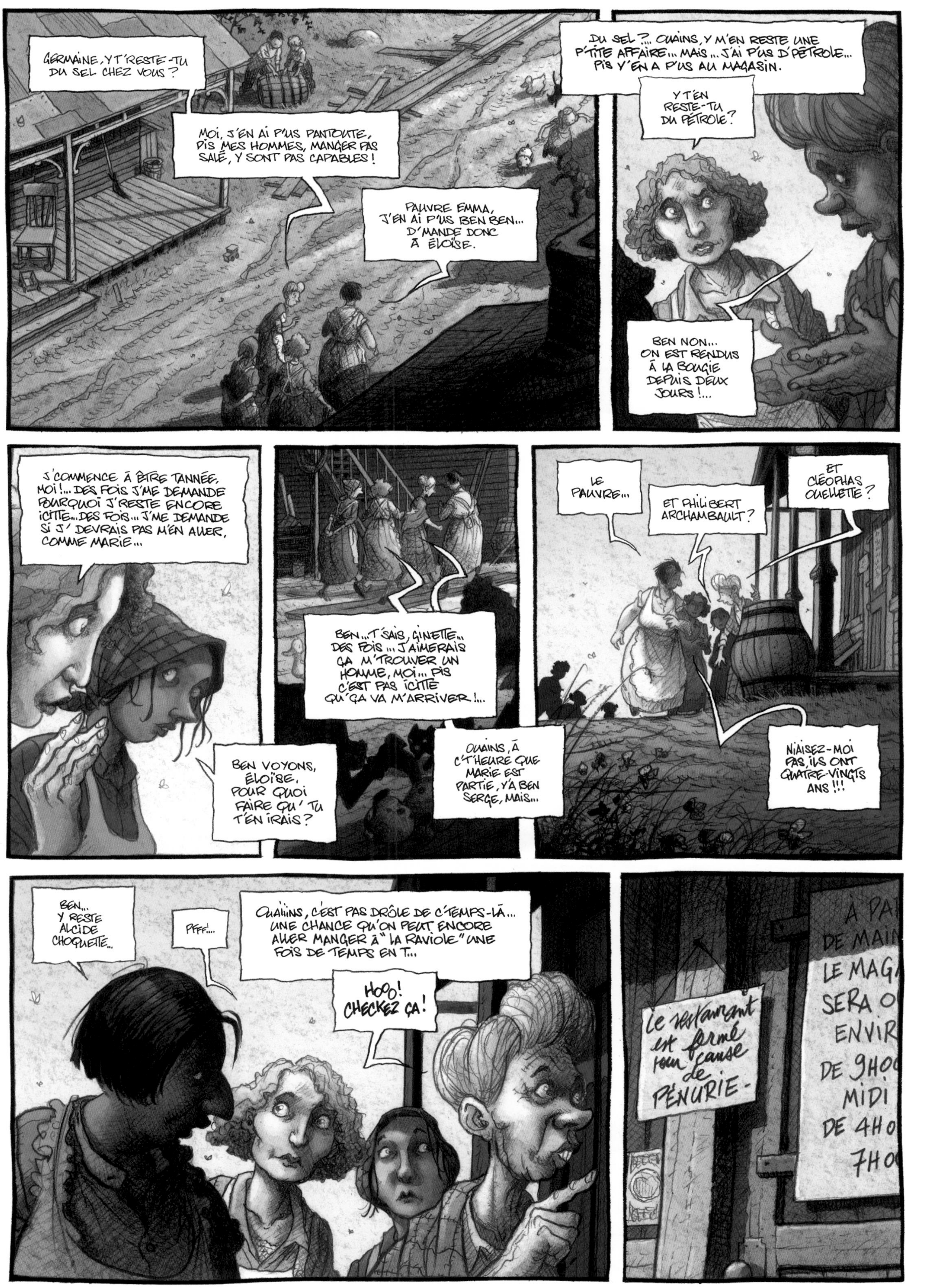

GERMAINE, Y T'RESTE-TU DU SEL CHEZ VOUS ?
MOI, J'EN AI P'US PANTOUTE, PIS MES HOMMES, MANGER PAS SALÉ, Y SONT PAS CAPABLES !
PAUVRE EMMA, J'EN AI P'US BEN BEN... D'MANDE DONC À ÉLOÏSE.
DU SEL ?... OUAINS, Y M'EN RESTE UNE P'TITE AFFAIRE... MAIS... J'AI P'US D'PÉTROLE... PIS Y'EN A P'US AU MAGASIN.
Y T'EN RESTE-TU DU PÉTROLE ?
BEN NON... ON EST RENDUS À LA BOUGIE DEPUIS DEUX JOURS !...
J'COMMENCE À ÊTRE TANNÉE, MOI !... DES FOIS J'ME DEMANDE POURQUOI J'RESTE ENCORE ICITTE... DES FOIS... J'ME DEMANDE SI J'DEVRAIS PAS M'EN ALLER, COMME MARIE...
BEN VOYONS, ÉLOÏSE, POUR QUOI FAIRE QU'TU T'EN IRAIS ?
BEN... T'SAIS, GINETTE... DES FOIS... J'AIMERAIS ÇA M'TROUVER UN HOMME, MOI... PIS C'EST PAS ICITTE QU'ÇA VA M'ARRIVER !...
OUAINS, À C'T'HEURE QUE MARIE EST PARTIE, Y'A BEN SERGE, MAIS...
LE PAUVRE...
ET PHILIBERT ARCHAMBAULT ?
ET CLÉOPHAS OUELLETTE ?
NIAISEZ-MOI PAS, ILS ONT QUATRE-VINGTS ANS !!!
BEN... Y RESTE ALCIDE CHOQUETTE...
PFFF!...
OUAIIINS, C'EST PAS DRÔLE DE C'TEMPS-LÀ... UNE CHANCE QU'ON PEUT ENCORE ALLER MANGER À "LA RAVIOLE" UNE FOIS DE TEMPS EN T...
HOOO ! CHECKEZ ÇA !
Le restaurant est fermé pour cause de PÉNURIE.
MIDI

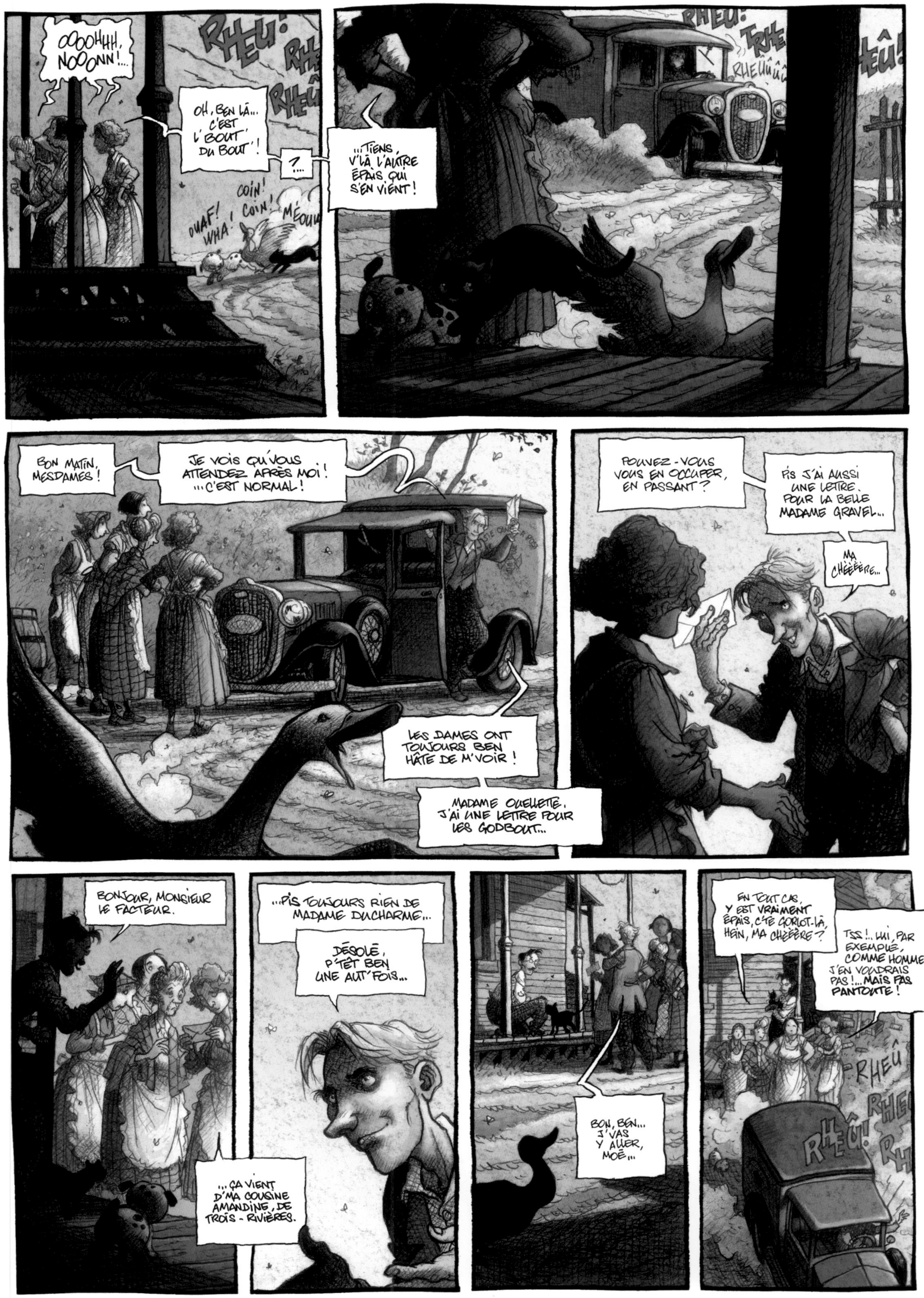

OOOOHHH, NOOONN!...
RHEU!
OH, BEN LÀ... C'EST L'BOUT DU BOUT'!
?...
COIN! COIN!
OUAF! WHA!
...TIENS, V'LÀ L'AUTRE ÉPAIS QUI S'EN VIENT!
RHEU!
RHEUûûû
BON MATIN, MESDAMES!
JE VOIS QU'VOUS ATTENDEZ APRÈS MOI! ...C'EST NORMAL!
LES DAMES ONT TOUJOURS BEN HÂTE DE M'VOIR!
MADAME OUELLETTE, J'AI UNE LETTRE POUR LES GODBOUT...
POUVEZ-VOUS VOUS EN OCCUPER, EN PASSANT?
PIS J'AI AUSSI UNE LETTRE POUR LA BELLE MADAME GRAVEL...
MA CHÈÈÈRE...
BONJOUR, MONSIEUR LE FACTEUR.
...ÇA VIENT D'MA COUSINE AMANDINE, DE TROIS-RIVIÈRES.
...PIS TOUJOURS RIEN DE MADAME DUCHARME...
DÉSOLÉ, P'TÊT BEN UNE AUT'FOIS...
BON, BEN... J'VAS Y ALLER, MOÉ...
EN TOUT CAS, Y EST VRAIMENT ÉPAIS, C'TE GORLOT-LÀ, HEIN, MA CHÈÈÈRE?
TSS!.. LUI, PAR EXEMPLE, COMME HOMME J'EN VOUDRAIS PAS!... MAIS PAS PANTOUTE!
RHEÛ
RHEÛ!

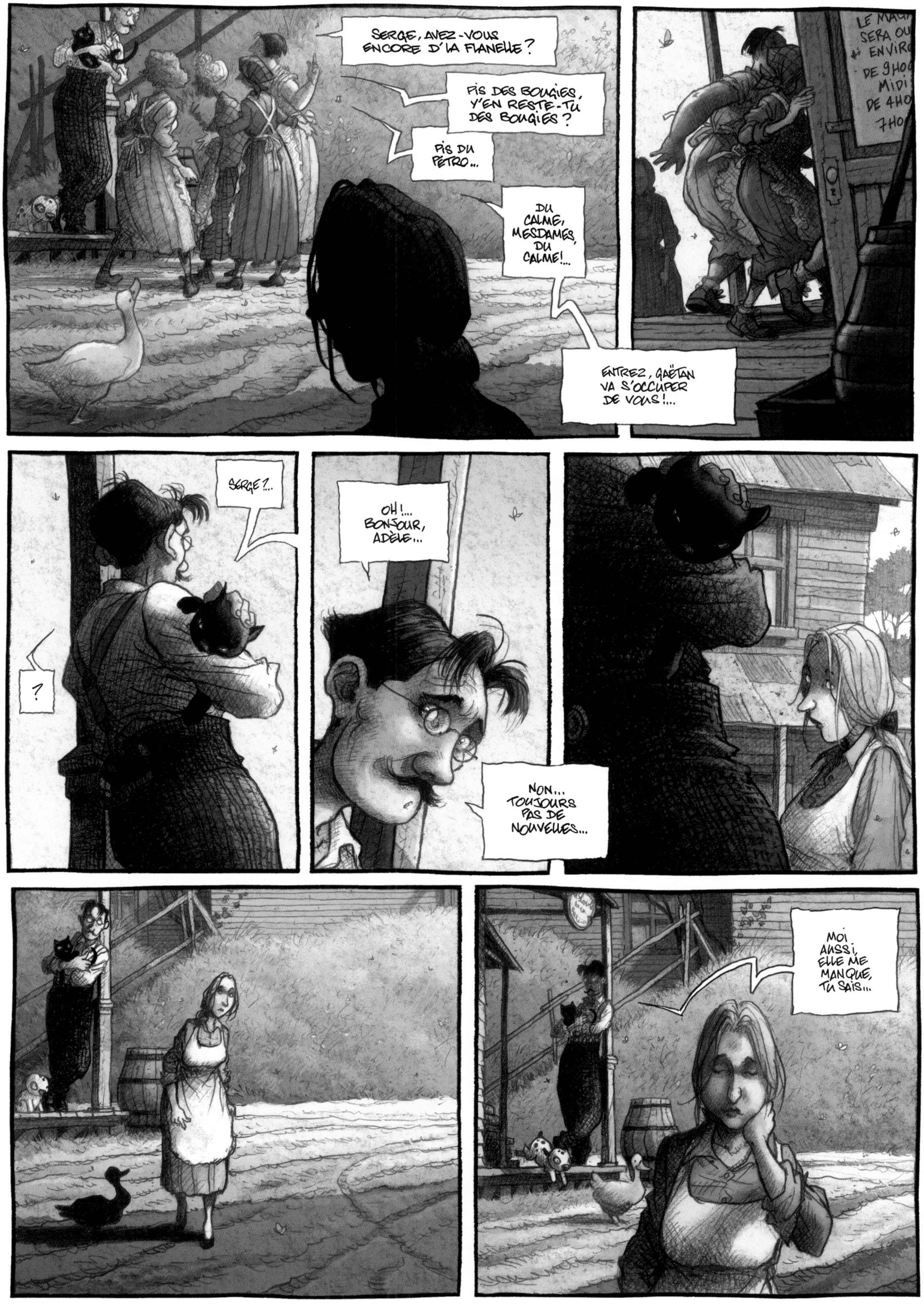
SERGE, AVEZ-VOUS ENCORE D'LA FLANELLE ?
PIS DES BOUGIES, Y'EN RESTE-TU DES BOUGIES ?
PIS DU PÉTRO...
DU CALME, MESDAMES, DU CALME !...
ENTREZ, GAËTAN VA S'OCCUPER DE VOUS !...
SERGE ?...
?
OH !... BONJOUR, ADÈLE...
NON... TOUJOURS PAS DE NOUVELLES...
MOI AUSSI, ELLE ME MANQUE, TU SAIS...

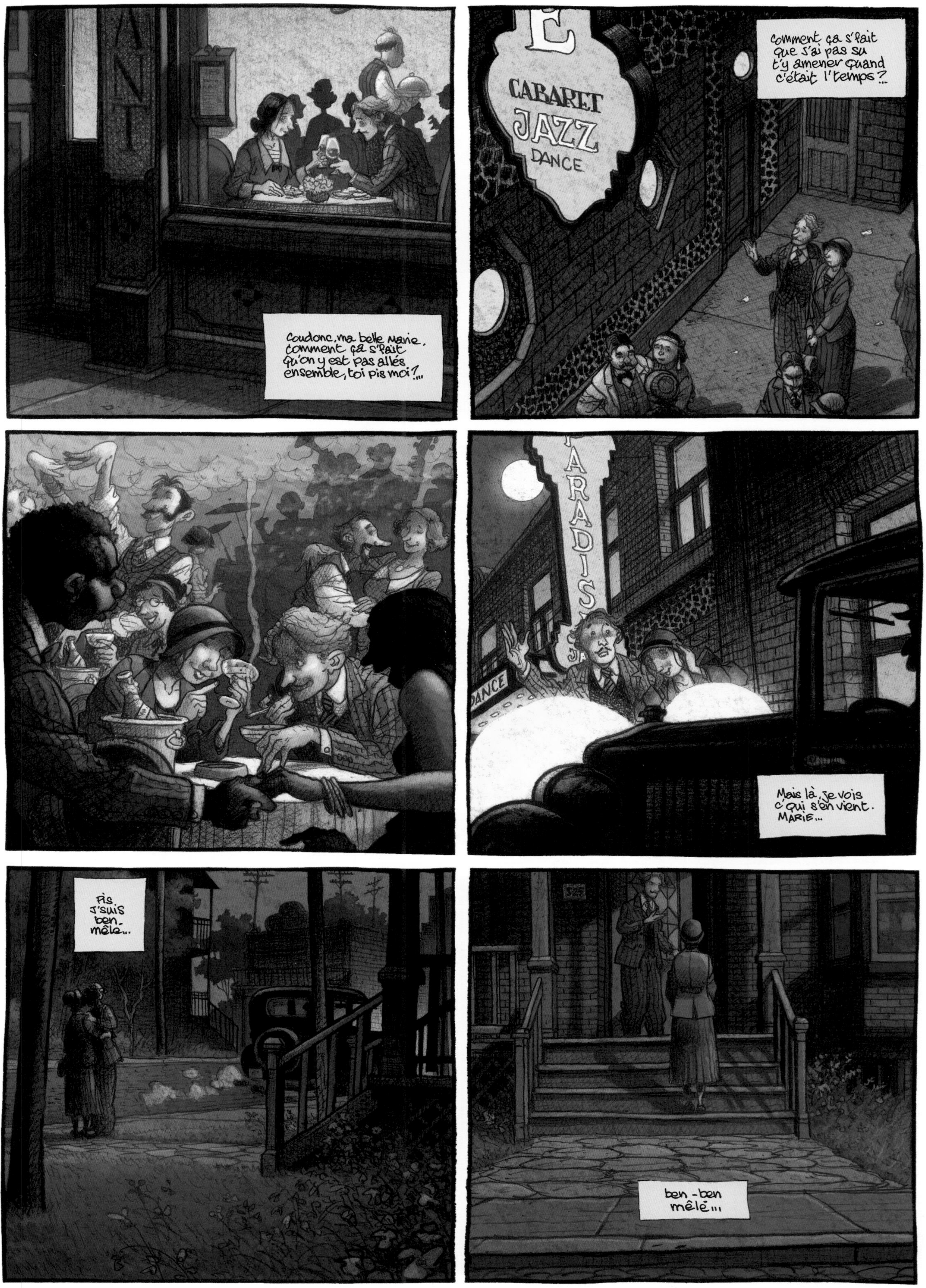
Coudonc, ma belle Marie, comment ça s'fait qu'on y est pas allés ensemble, toi pis moi?...
CABARET
JAZZ
DANCE
Comment ça s'fait que j'ai pas su t'y amener quand c'était l'temps?...
PARADIS
DANCE
Mais là, je vois c'qui s'en vient. MARIE...
Pis j'suis ben mêlé...
ben-ben mêlé...

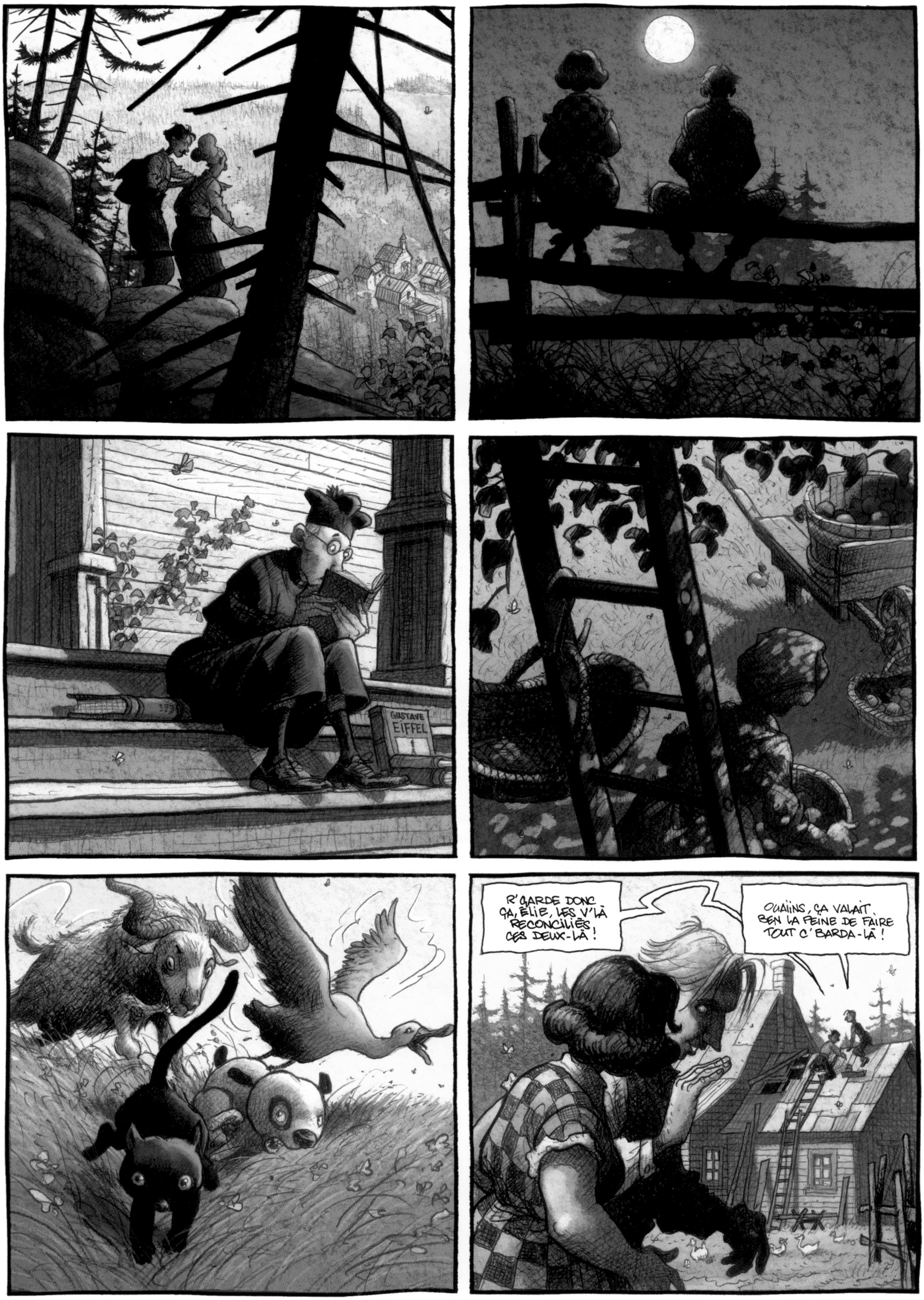
GUSTAVE EIFFEL
R'GARDE DONC ÇA, ÉLIE, LES V'LÀ RECONCILIÉS CES DEUX-LÀ !
OUAIINS, ÇA VALAIT BEN LA PEINE DE FAIRE TOUT C'BARDA-LÀ !

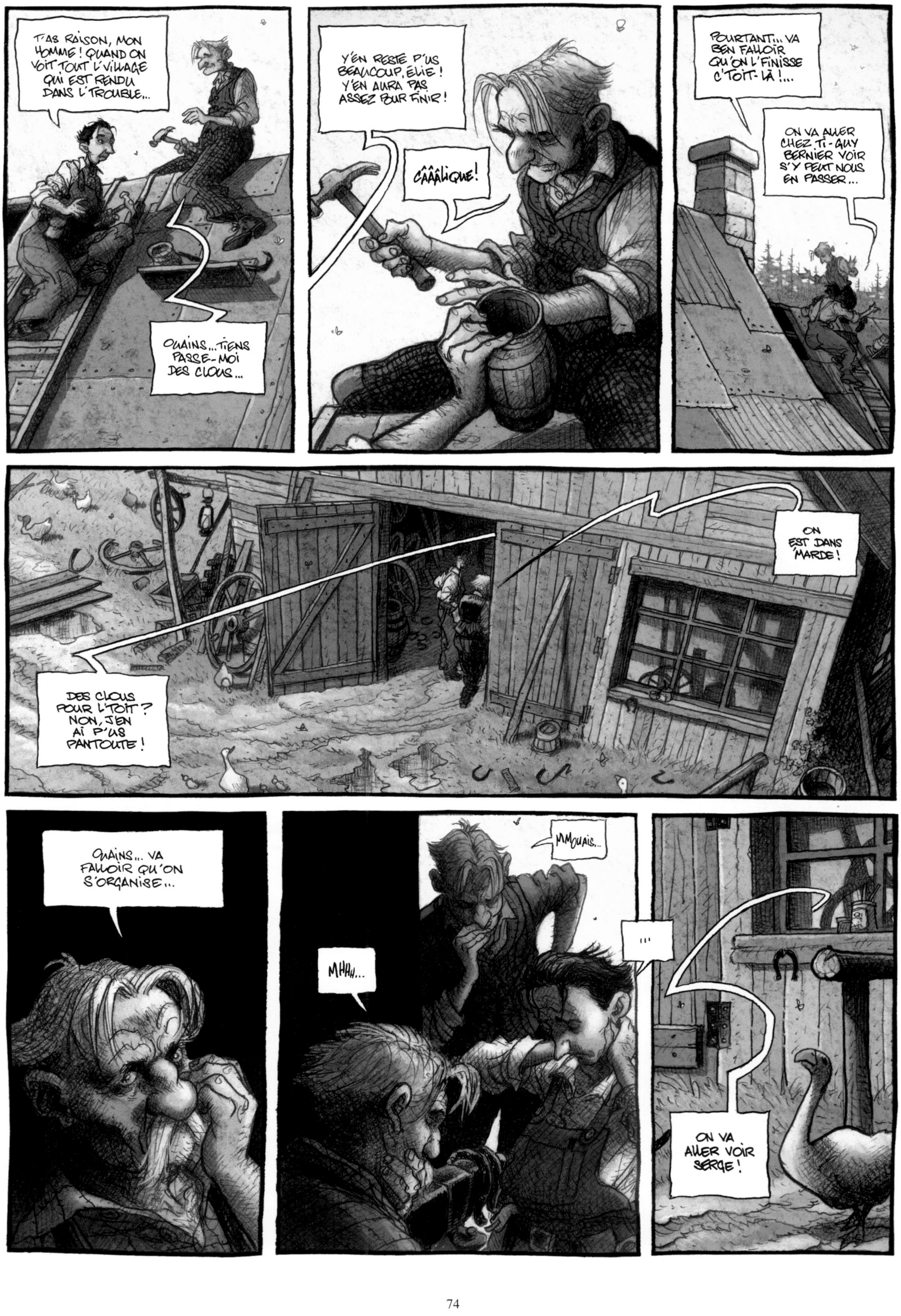
T'AS RAISON, MON HOMME ! QUAND ON VOIT TOUT L'VILLAGE QUI EST RENDU DANS L'TROUBLE...
OUAINS... TIENS PASSE-MOI DES CLOUS...
Y'EN RESTE P'US BEAUCOUP, ÉLIE ! Y'EN AURA PAS ASSEZ POUR FINIR !
CÂÂÂLIQUE !
POURTANT... VA BEN FALLOIR QU'ON L'FINISSE C'TOIT-LÀ !...
ON VA ALLER CHEZ TI-GUY BERNIER VOIR S'Y PEUT NOUS EN PASSER...
DES CLOUS POUR L'TOIT ? NON, J'EN AI P'US PANTOUTE !
ON EST DANS 'MARDE !
OUAINS... VA FALLOIR QU'ON S'ORGANISE...
MHHH...
MMOUAIS...
...
ON VA ALLER VOIR SERGE !

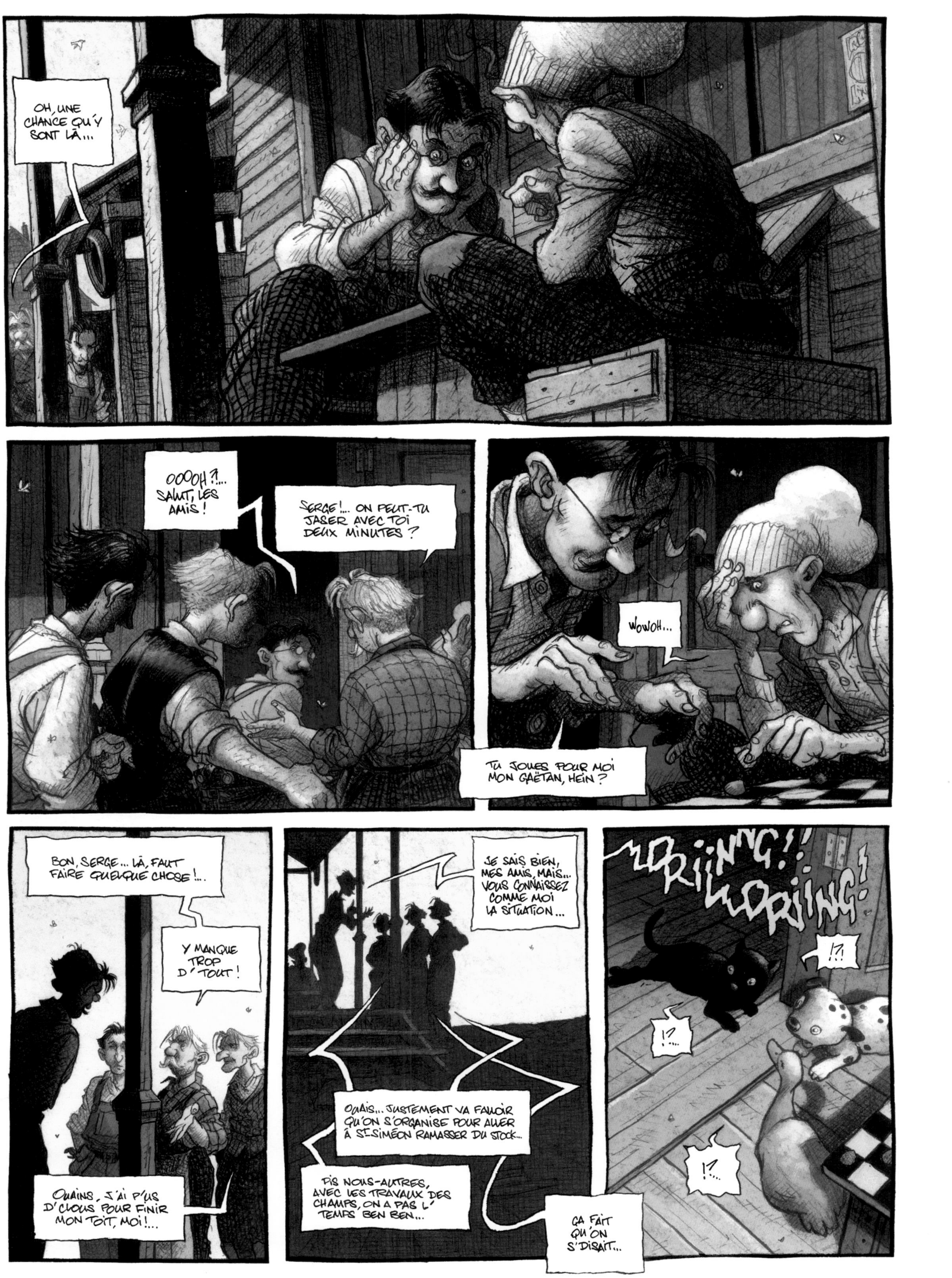

OH, UNE CHANCE QU'Y SONT LÀ...
OOOOH?!... SALUT, LES AMIS!
SERGE!... ON PEUT-TU JASER AVEC TOI DEUX MINUTES?
WOWOH...
TU JOUES POUR MOI MON GAËTAN, HEIN?
BON, SERGE... LÀ, FAUT FAIRE QUELQUE CHOSE!...
Y MANQUE TROP D'TOUT!
OUAINS, J'AI P'US D'CLOUS POUR FINIR MON TOIT, MOI!...
JE SAIS BIEN, MES AMIS, MAIS... VOUS CONNAISSEZ COMME MOI LA SITUATION...
OUAIS... JUSTEMENT VA FALLOIR QU'ON S'ORGANISE POUR ALLER À ST-SIMÉON RAMASSER DU STOCK...
PIS NOUS-AUTRES, AVEC LES TRAVAUX DES CHAMPS, ON A PAS L'TEMPS BEN BEN...
ÇA FAIT QU'ON S'DISAIT...
DRIIING!! DRIIING!
!?!
!?...
!?...

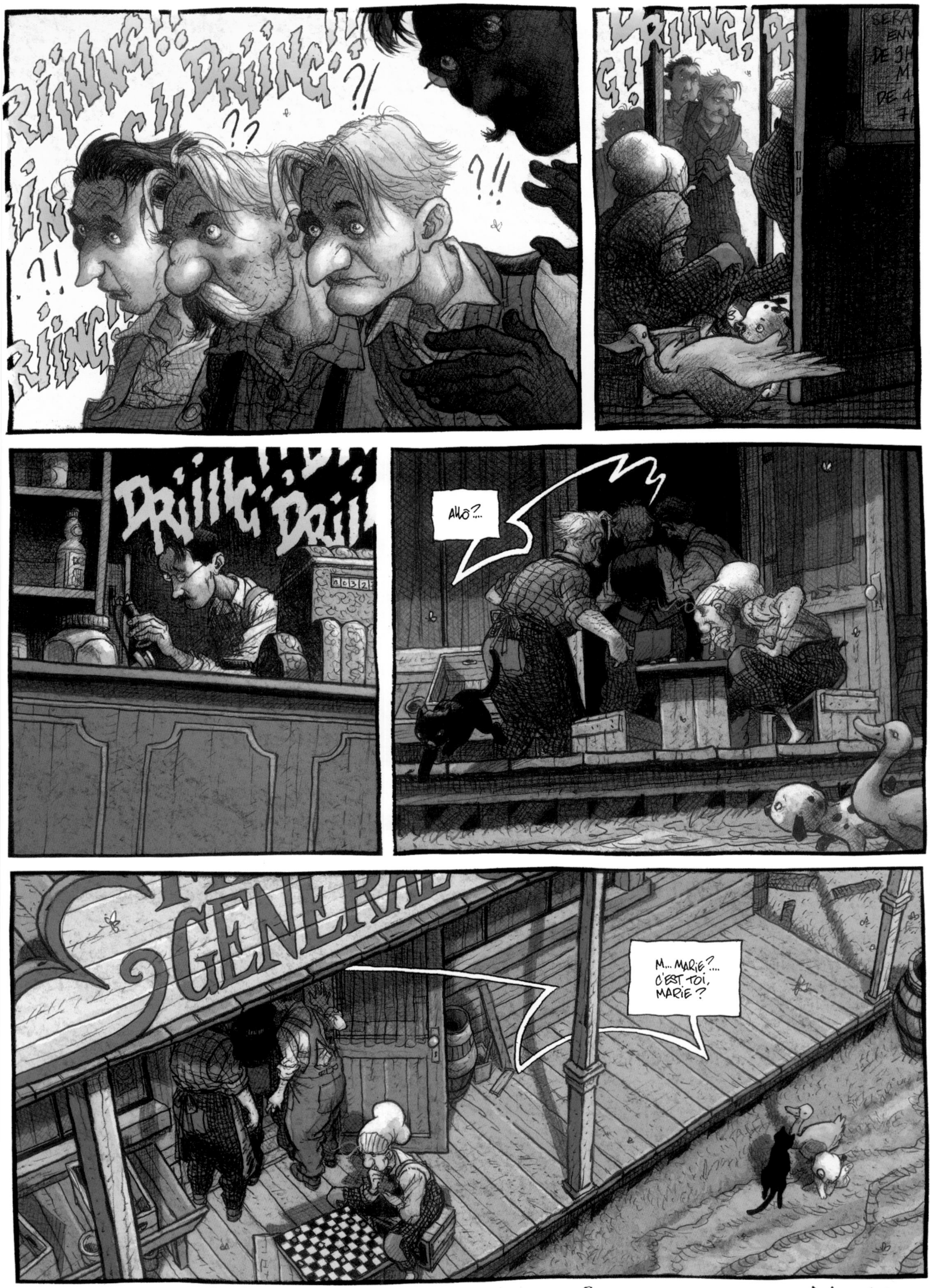
DRIIING!!
ALLÔ?...
GÉNÉRAL
M... MARIE?... C'EST TOI, MARIE?

Montréal le 16 septembre 2009. À tantôt...

DES MÊMES AUTEURS

MAGASIN GÉNÉRAL
1. Marie
2. Serge
3. Les Hommes
4. Confessions
5. Montréal
6. Ernest Latulippe
7. Charleston
8. Les Femmes
9. Notre-Dame-des-Lacs

L'ARRIÈRE-BOUTIQUE DU MAGASIN GÉNÉRAL
(3 tomes)

AUTRES OUVRAGES DE RÉGIS LOISEL

Éditions Dargaud

LA QUÊTE DE L'OISEAU DU TEMPS
1. La Conque de Ramor
2. Le Temple de l'oubli
3. Le Rige
4. L'œuf des Ténèbres
(avec Le Tendre)
5. L'ami Javin
(avec Le Tendre et Lidwine)
6. Le Grimoire des Dieux
(avec Le Tendre et Aouamri)
7. La Voie du Rige
(avec Le Tendre et Mallié)
8. Chevalier Bragon
(avec Le Tendre et Mallié)

EN QUÊTE DE L'OISEAU DU TEMPS
(Entretien avec Christelle et Bertrand Pissavy-Yvernault)

Éditions Granit Associés

NORBERT LE LÉZARD
(avec Cothias)

Éditions Glénat

MALI-MÉLO
(carnet de voyage avec Cothias et Le Corre)

Éditions Humanoïdes Associés

TROUBLES FÊTES
(avec Rose le Guirec)

Éditions Kesselring

LES NOCTURNES

Éditions La Sirène

LA DERNIÈRE GOUTTE EST TOUJOURS POUR LE SLIP
(avec Taladiart)

Éditions Mosquito

MONOGRAPHIE 1

Éditions Vents d'Ouest

PETER PAN
1. Londres
2. Opikanoba
3. Tempête
4. Mains Rouges
5. Crochet
6. Destins

L'ENVERS DU DÉCOR
Making of

LOISEL, DANS L'OMBRE DE PETER PAN
(Entretien avec Christelle et Bertrand Pissavy-Yvernault)

PYRÉNÉES
(Scénario pour Sternis)

FANFRELUCHES POUR UNE SIRÈNE
(Scénario pour Christine Oudot)

LE GRAND MORT
(Collaboration au scénario avec JB Djian, dessin Vincent Mallié)
1. Larmes d'abeille
2. Pauline
3. Blanche
4. Sombre
5. Panique

AUTRES OUVRAGES DE JEAN-LOUIS TRIPP

Éditions Casterman

LE VIOLON ET L'ARCHER
(avec Baru, Boucq, Cabanes, Ferrandez et Juillard)

QUÉBEC
Un des trois dans le fleuve
(avec Dub, Davodeau et Pascal Girard, Moynot et Philippe Girard, Beaulieu et Bravo)

Éditions Albin Michel

CORRESPONDANCES
(avec Dupuy-Berberian, Cabanes et Denis)

LE NOUVEAU JEAN-CLAUDE
(avec Tronchet)
1. La Force en lui !
2. Pizza mon amour...

Éditions Drugstore

PIZZA WARRIOR
Intégrale Le Nouveau Jean-Claude
(avec Tronchet)

Éditions Futuropolis

L'AUTRE IDIOT
PEAU DE BANANE
LE PARI
(avec Barcelo)

Éditions Glénat

LA CROISIÈRE VERTE
PAROLES D'ANGES
(avec Alexandra Carrasco)

Éditions Les 400 coups

FREDO MERCURIO
Couleurs et compagnie
(avec Carrasco)

Éditions Liber Niger

SOLEIL NOIR
(avec Diez et Carrasco)

Éditions Milan

JACQUES GALLARD
1. Parfum d'Afrique
2. Soviet Zig-Zag
3. Zoulou Blues
4. Afrikaan's Bazaar

DINGHYS DINGHYS
(avec Barcelo)

LE TIGRE FURIBARD
LE TRÔNE
(avec Moncomble)

Éditions Transit

LE BŒUF N'ÉTAIT PAS MODE
(avec Barcelo)

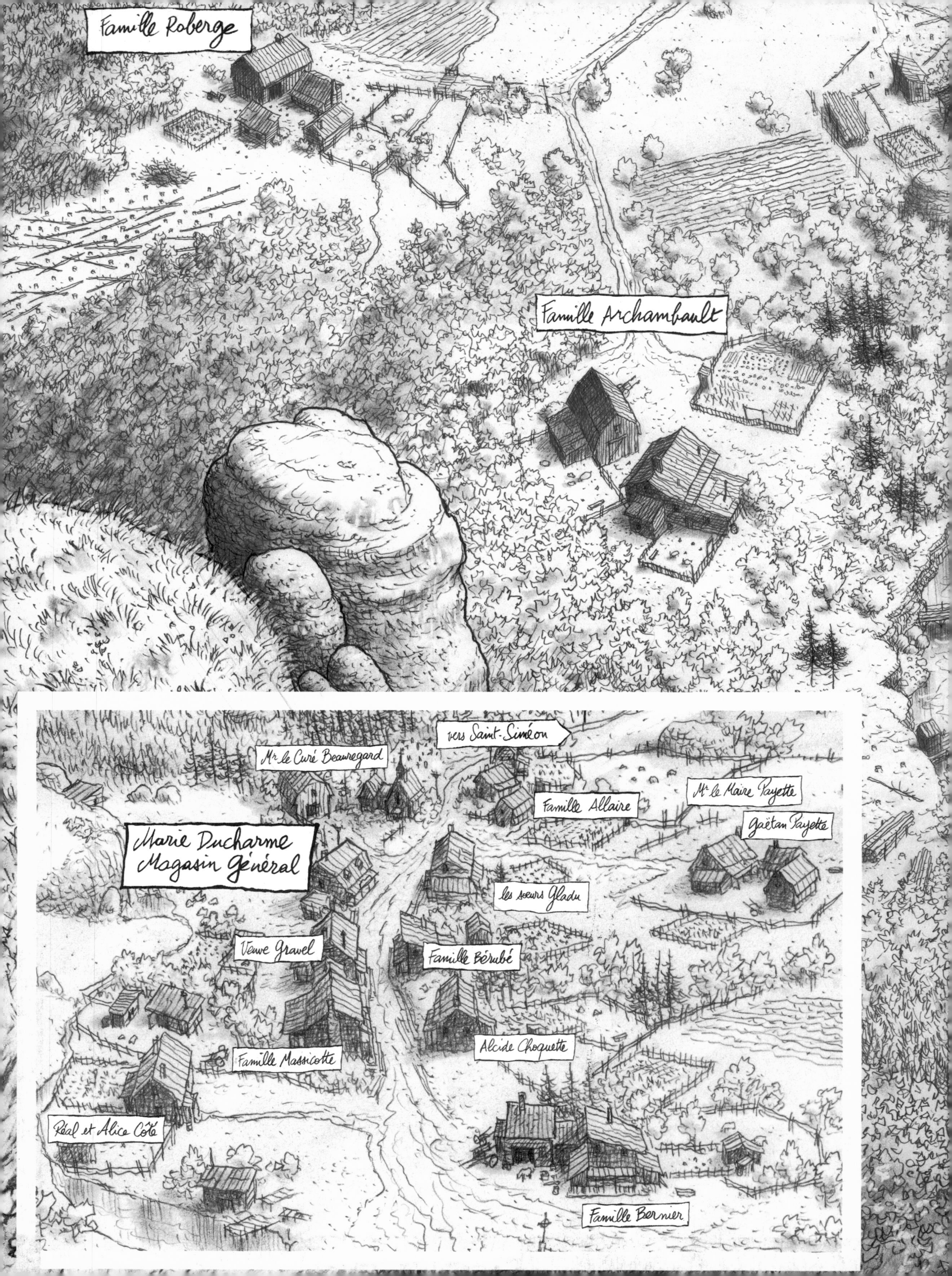
Famille Roberge
Famille Archambault
vers Saint-Siméon
Mr le Curé Beauregard
Famille Allaire
Mr le Maire Payette
Gaëtan Payette
Marie Ducharme
Magasin Général
les sœurs Gladu
Veuve Gravel
Famille Bérubé
Famille Massicotte
Alcide Choquette
Réal et Alice Côté
Famille Bernier